DEEPAK CHOPRA

MIT DEM HERZEN FÜHREN

Deepak Chopra

Mit dem Herzen führen

Management und Spiritualität

KOHA

Hinweise

Die im Buch veröffentlichten Ratschläge wurden von Verfasser und Verlag sorgfältig erarbeitet und geprüft. Eine Garantie kann dennoch nicht übernommen werden. Ebenso ist die Haftung des Verfassers bzw. des Verlages und seiner Beauftragten für Personen-, Sach- und Vermögensschäden ausgeschlossen.

Um den Lesefluss nicht zu erschweren, wurde meist auf die Doppelung männlicher und weiblicher Nomen und Pronomen verzichtet. Selbstverständlich soll in diesen Fällen die übliche »männliche« Form auch den weiblichen Teil der Bevölkerung umfassen.

Copyright © 2010 by Deepak Chopra
Titel der Originalausgabe:
The Soul of Leadership.
Unlocking Your Potential for Greatness.
Harmony Books / Random House, Inc.,
New York, 2010
This translation published by arrangement with
Harmony Books, an imprint of the Crown Publishing Group,
division of Random House, Inc.

Deutsche Ausgabe:
© 2012 KOHA-Verlag GmbH Burgrain
Alle Rechte vorbehalten
Aus dem Englischen von Nayoma de Haën
Lektorat: Maria Müller
Ornamente: Shutterstock
Layout: Birgit-Inga Weber

Gesamtherstellung: Karin Schnellbach
Druck: CPI Moravia Books
ISBN 978-3-86728-182-9

Kommentare zu
»Mit dem Herzen führen«

»Ich habe Deepak Chopras neuestes Buch ›Mit dem Herzen führen‹ sehr genossen. Vom Kapitel über Synchronizität an konnte ich es gar nicht mehr aus der Hand legen. Es stecken so viele gute Ideen drin, dass man es zweimal lesen muss. Dieses Buch hat mich dazu inspiriert, besser zu führen.«

George Zimmer, Men's Wearhouse

»Führung beginnt zu Hause und im Herzen. Deepak Chopra bietet nicht nur eine schrittweise Anleitung, das Führungspotenzial in jedem von uns zu erschließen, sondern er ruft auch kraftvoll zum Handeln auf. Unsere Entwicklung hin zu einer höheren Ebene spirituellen Bewusstseins versetzt uns in die Lage, unser Leben und die Welt zu verändern. Ein erkenntnisreiches, inspirierendes und dringend benötigtes Buch.«

William Cohen, früherer US-Verteidigungsminister

»Deepak Chopra eröffnet den Führungskräften von heute den Zugang zu den Geheimnissen des Erfolgs, den wir alle brauchen, ohne dafür uns selbst aufgeben zu müssen.«

Marc Benioff, Vorstandsvorsitzender und CEO von salesforce.com

»Was die Rolle von global wirksamen Wundern betrifft, ist Deepak der beste Führungskräftetrainer der Welt. Seine Schriften über Verbundenheit und Synchronizität sind allem, was sonst in dieser neuen Wissenschaft veröffentlicht wird, um zehn Jahre voraus. In diesem Buch bringt er die Bedeutung des »einen Bewusstseins« absolut auf den Punkt. Dies könnte der wichtigste Umbruch von Führungsverständnis in der Geschichte sein.«

Jim Clifton, Vorstandsvorsitzender und CEO von Gallup

Inhalt

Einführung

Führung zu übernehmen ist eine der wesentlichsten Entscheidungen, die man treffen kann – es ist die Entscheidung, aus dem Dunkel ins Licht zu treten.

Noch nie waren inspirierte Führungsqualitäten so dringend nötig wie heute. Dieser Satz ist zwar sicherlich schon immer gefallen, aber im zweiten Jahrzehnt des einundzwanzigsten Jahrhunderts ist die Menschheit zu einer schrecklichen Bedrohung ihrer eigenen Existenz geworden. Blindlings reißen wir Riesenlöcher in das lebensspendende Gewebe unserer Umwelt. Die Regierungen, selbst wenn sie wohlmeinend sind, können uns die drängenden Fragen unserer Zeit nicht mehr beantworten. Wir können uns an niemanden mehr wenden, außer an uns selbst. Und selbst dort müssen wir das ständige Geschwätz des Ego und all unsere Logik und Vernunft hinter uns lassen und uns an jenen stillen Ort in uns begeben, den wir das Reich der Seele nennen.

Hier können wir anfangen, die grundlegenden Fragen zu stellen, die unserem Leben Sinn geben: »Wer bin ich? Warum bin ich hier? Wie kann ich mich mit dem leisen Drängen meiner Seele verbinden, um meinem Leben Sinn zu geben und etwas beizutragen?« Um diese Fragen so gut wie möglich zu beantworten, muss jeder von uns in die Führungsrolle gehen und Verantwortung für die Ausrichtung des eigenen Lebens und für seine Interaktionen mit anderen übernehmen: bei der Arbeit, zu Hause, überall. Wenn wir dann fortfahren, uns von der Seele die Richtung weisen zu lassen, stellen wir irgendwann fest, dass uns andere um Rat fragen, weil sie sich davon angezogen fühlen, dass wir sie mit Respekt behandeln und auf ihre Bedürfnisse geschickt und von einer höheren Warte aus eingehen.

Mein Ziel ist es, mit diesem Buch jedem die Fähigkeiten und Erkenntnisse zu vermitteln, die zum Führen nötig sind – und nicht einfach nur zum Führen, sondern zum inspirierten Führen. Auf der tiefsten Ebene ist die jeweilige Führungsperson die symbolische Seele der Gruppe. Sie hat die Aufgabe, die Bedürfnisse der anderen zu erfüllen und – wenn die Bedürfnisse erfüllt sind – die Gruppe so zu leiten, dass noch höhere Bedürfnisse erfüllt werden und das Potenzial der Gruppe Schritt um Schritt wächst. Inspiriertes Führen bezieht seine Kraft nicht von anderen Menschen, sondern aus seinem Sein, aus dem Weg, den die Seele weist. Es zeichnet sich durch Kreativität, Intelligenz, Organisationskraft und Liebe aus.

Jeder, der eine Seele hat – und das sind nach meiner Definition wir alle –, hat das Potenzial, inspiriert zu führen. Wenn Sie sich innerlich verändern und an die unbegrenzte Weisheit der Seele anschließen, werden Sie führen, ohne ein Gefolge suchen zu müssen; wenn Sie Ihre Vision einer besseren Welt in greifbare Form bringen, wird es Sie finden. Ich hoffe sehr, dass Sie und zahllose andere Leser nach der Lektüre dieser Seiten Ihre wahre Größe erkennen und entsprechend handeln. Etliche von Ihnen könnten öffentlich wirken, und unzählige könnten bei der Arbeit, zu Hause oder in ihren Gemeinden und Nachbarschaften Führungsaufgaben übernehmen. Wo auch immer Sie es tun, ich habe keinen Zweifel daran, dass unsere Zeit nach Menschen verlangt, die von Herzen führen.

Wie Sie auf den folgenden Seiten sehen werden, spreche ich hier nicht von Führungsqualitäten im klassischen Sinne. Gemäß der alten Definition ist Führerschaft nur wenigen vorbehalten. Die Person, die ausgewählt wurde, eine Gruppe zu führen, zeichnet sich vielleicht durch ihre Popularität, ihr Selbstbewusstsein oder ihre Rücksichtslosigkeit aus. Nach diesen Kriterien kann nicht jeder führen. Wenn die Starken und Rücksichtslosen die Bühne beherrschen, führen uns Könige und Generäle, Autokraten und Diktatoren, machthungrige Premierminister und Präsidenten. Die Geschichtsschreibung lebt von Mythen, die auf persönlicher Ausstrahlung aufbauen und sie mit einer Aura des Schicksalhaften ummanteln.

Aber diese Arten von Führung sind brüchig. Keine der erwähnten Qualitäten stellt sicher, dass solch eine Führungsperson das Leben der ihr Anvertrauten verbessern wird. Genauso gut kann sie ihnen Elend, Konflikte und Unterdrückung bringen. Die alten Definitionen von Führung beruhen auf Macht, und Macht steht immer in enger Verbindung zu Machtmissbrauch.

Weil sich so viele Führungspersonen als höchst unberechenbar herausgestellt haben und weil sich unter den Mächtigen nur so wenige positiv hervorgetan haben, wähnen wir eine unsichtbare Hand im Spiel, die auswählt, welche Führungsperson sich als hervorragend erweisen wird. Doch das ist nur eine weitere Verschleierung. Die Kriterien für inspiriertes Führen sind nichts Mysteriöses. Sie sind sogar sehr einfach: Große Führungspersönlichkeiten sind fähig, auf ihre eigenen und auf die Bedürfnisse anderer mit einem größeren Maß an Visionskraft und Kreativität einzugehen, in Verbundenheit mit denen, die sie führen.

Auch Sie können auf diese Weise führen. Der Weg steht Ihnen offen. Es ist nichts weiter nötig, als auf Ihre innere Führung zu achten. Wenn Sie sich darauf einlassen, sind Sie auf dem Weg, das zu werden, was ich einen »erfolgreichen Visionär« nenne. Sie manifestieren Ihre Vision in der Welt. Aus unsichtbar in der Stille Ihrer tiefsten Bewusstheit eingepflanzten Samen werden greifbare, sichtbare Wirklichkeiten, die sich entfalten und mit Begeisterung und Energie gefördert werden. Ihre Aufgabe wird allen ersichtlich, und die Ergebnisse dienen dem Wohle aller: Ihrem eigenen Wohl, dem Wohl der Gruppe, die Sie führen, und dem Allgemeinwohl. Auf einem Planeten, der von allen Seiten von ökologischer Zerstörung bedroht ist, muss alles, was wir erreichen, zukunftsfähig sein. Dies ist ein wesentliches Merkmal aller Visionen der Zukunft, die der Seele entspringen.

Wenn ich über die Seele spreche, meine ich nicht die Seele, wie sie verschiedene Religionen definieren, obwohl alle großen spirituellen Traditionen ihre Existenz anerkennen. Ich verstehe die Seele als einen Ausdruck des allem zugrundeliegenden, universalen Bewusstseinsfeldes. Ihre persönliche Bewusstheit, Ihre Seele, ist wie eine Welle in einem grenzenlosen Meer: Für einen kurzen Moment erhebt sie sich in ihrer Einzigartigkeit, bevor sie wieder zurückfällt in das Größere, aus dem sie hervorgegangen ist. Auf der Seelenebene sind wir mit allem im Universum und mit jenem stillen Reich, aus dem alle Materie und alle Energie hervorgehen, aufs Innigste verbunden.

Die Seele hat – was keine Überraschung ist – Qualitäten, die jedem Schöpfungsprozess zu eigen sind: Kreativität, Intelligenz, Organisationskraft und Liebe. Falls Sie mit dieser Sicht der Dinge Schwierigkeiten haben, können Sie vielleicht zumindest mit mir darin übereinstimmen, dass die alte Art, wie wir auf diesem Planeten gelebt haben, an ihre Grenzen gekommen ist und dass es Zeit ist, etwas Neues auszuprobieren. Wenn Sie merken, dass Sie durch die in diesem Buch beschriebenen Ansätze mehr Kreativität, Intelligenz, Organisationskraft und Liebe in Ihr Leben und in Ihre Umgebung bringen, können Sie das Ihrer Seele zuschreiben oder auch nicht. Es spielt keine Rolle, und jene, die die Welt mit Ihnen bewohnen, werden dafür dankbar sein, egal welche Worte Sie verwenden, um diese neue Art des Seins zu beschreiben.

Eine Landkarte für die Strecke, die vor uns liegt

Führen ist eine sich entwickelnde Reise mit unvorhersehbaren Drehungen und Wendungen. Aber Sie können eine Landkarte haben. Nachfolgend ist die Landkarte in drei Abschnitte aufgeteilt.

Zunächst einmal habe ich das, was das Führen mit Seele ausmacht, in ein passendes Akronym verpackt: Jeder Buchstabe des Wortes **L-E-A-D-E-R-S** (Führende) steht für einen Kernaspekt, der nötig ist, um Ihre Vision zu definieren und zu verwirklichen.

L = Look and Listen – Hinschauen und Zuhören: Verwenden Sie Ihre Sinne wie ein unbeteiligter Beobachter, der unvoreingenommen alles wahrnimmt. Schauen und hören Sie auch mit dem Herzen, achten Sie auf Ihre wahren Gefühle. Und schauen und hören Sie auch mit Ihrer Seele, achten Sie auf den tieferen Sinn, den sie Ihnen offenbart.

E = Emotionale Verbindung: Mit Seele zu führen bedeutet, sich über das Melodram des Lebens im Krisenzustand zu erheben. Es erfordert, alle vergifteten Emotionen zu erkennen und aufzulösen, damit Sie Ihre eigenen Bedürfnisse und die der anderen klar wahrnehmen können.

A = Awareness – Bewusstheit: Sie müssen sich der Fragen bewusst sein, die jeder Herausforderung zugrunde liegen: »Wer bin ich? Was will ich? Was erfordert die Situation?« Führende müssen sich diesen Fragen ständig stellen, und sie sollten auch ihre Teams inspirieren, sich mit diesen Fragen auseinanderzusetzen.

D = Doing – Tun: Führende müssen handlungsorientiert sein. Eine Führungspersönlichkeit muss in allem, was sie tut, vorbildlich sein und zu den Versprechungen stehen, die sie gemacht hat. Das erfordert Ausdauer und Beharrlichkeit, aber auch die Fähigkeit, jede Situation mit Flexibilität und Humor zu nehmen.

E = Empowerment: Die Macht der Seele beruht auf einem Selbstbewusstsein, das auf Rückmeldungen eingeht und gleichzeitig von der guten oder schlechten Meinung anderer unabhängig ist. Empowerment ist nicht selbstsüchtig. Es hebt sowohl den Status des Führenden als auch den der Mannschaft.

R = Responsibility – Verantwortung: Zu verantwortlicher Führung gehört es, Risiken nicht leichtsinnig, sondern besonnen anzugehen, Integrität zu beweisen und die eigenen inneren Werte zu leben. Aus Sicht der Seele besteht die Verantwortung einer Führungsperson vor allem darin, die Menschen auf eine höhere Bewusstseinsebene zu bringen.

S = Synchronizität: Dies ist ein geheimnisvolles Element des allem zugrunde liegenden Bewusstseinsfelds, an das alle großen Führungspersönlichkeiten angeschlossen sind. Synchronizität ist die Fähigkeit, glückliche Umstände zu erschaffen und unsichtbare Unterstützung zu finden, die einen über das vorhersehbare

Ergebnis hinaus auf höhere Ebenen bringt. Spirituell gesprochen ist Synchronizität die zuverlässige Fähigkeit, von der Seele her auf jedes Bedürfnis einzugehen.

Im zweiten Teil des Buches verdeutlicht sich die Landkarte des Führens in Geschichten von gewöhnlichen Menschen, die zu erfolgreichen Visionären wurden. Wir begegnen dort zwei solchen Personen, nämlich Jeremy Moon und Renata M. Black: Sie fingen ohne materielle Grundlagen an und führen heute erfolgreiche Multimillionen-Dollar-Unternehmen, die etwas bewirken. In beiden Fällen begann es mit einer leidenschaftlichen Vision. Das ist bei Erfolgsgeschichten noch nichts Ungewöhnliches, doch in diesen Fällen ging es auch um tiefer empfundene Werte, die aus dem Reich der Seele stammten.

Wie sich zeigt, haben Jeremy und Renata auf ihren Wegen genau die Schritte befolgt, die hier im Akronym L-E-A-D-E-R-S zusammengefasst werden. Vom Hinschauen und Hinhören bis zur Synchronizität spielten alle diese Aspekte eine entscheidende Rolle. Dieser Teil des Buches inspiriert nicht nur, er gibt Ihnen auch das Vertrauen, dass beseeltes Führen in der rauen Wirtschaftswelt durchaus eine brauchbare Entscheidung ist. Indem sich die beiden für den Erfolgsweg des visionären Führens entschieden, wurde die Welt für sie zu einem Ort der Wunder, an dem der materielle Erfolg gegenüber der persönlichen Entdeckungsreise zweitrangig wurde.

Der dritte Teil des Buches enthält eine kurze Zusammenfassung des Gelernten, die Ihnen hoffentlich hilft, die Merkmale des Führens mit Seele zu erkennen, sobald sie sich in Ihrem Leben zu zeigen beginnen.

Warum die Seele*?

Wie kommt es, dass Menschen mit einem ganz gewöhnlichen Leben zu Führungspersönlichkeiten werden? Jede Gruppe bringt natürlicherweise Menschen hervor, die sie zu einem gemeinsamen Ziel hinführen. Doch manche von ihnen versagen, und andere haben Erfolg. Manche straucheln über eine unzulängliche Strategie oder erliegen dem Stress, der mit ihrer Rolle einhergeht. Und wenn uns eine Krise nach guter Führung rufen lässt, besteht immer die Gefahr, dass keine solche Gestalt auftaucht und es zu dem berühmten »Führungsvakuum« kommt, das in der modernen Welt zu einem chronischen Problem geworden ist.

In der tieferen Wirklichkeit der Seele muss eine in Auflösung begriffene Familie, ein Unternehmen ohne Vision oder eine Nation, die um Freiheit ringt, auf verborgene spirituelle Antriebe und Bedürfnisse eingehen. Indem das verstanden wird, können unzählige Führungspersonen ihr höchstes Potenzial entfalten. Inspiriertes Führen entsteht im Sein und braucht keine Strategie, um die Spitze zu erklimmen. Wenn Sie das Potenzial Ihrer eigenen wahren Größe entfalten, entfalten Sie auch das Potenzial in anderen. Andere werden sich dann natürlicherweise an Sie wenden, damit Sie ihnen den Weg nach vorne weisen, und eines Tages werden diese dann selbst andere führen können.

Unsere Seelen bieten uns in jedem Augenblick die höchsten Inspirationen an. Unser Verstand mag Chaos wahrnehmen, doch die Seele weiß von der grundlegenden Ordnung und strebt danach, sie zu finden. Solange wir uns nicht der ruhigen Weisheit der Seele zuwenden, fallen wir immer wieder in alte Gewohnheiten zurück, reagieren auf neue Herausforderungen mit abgedroschenen Antworten und verstricken uns in sinnlosen Kämpfen. Doch wenn wir die Wege der Seele begreifen und nutzen, taucht jemand auf, der den Nebel zu lichten weiß. Mahatma Gandhi, Mutter Teresa und Nelson Mandela gingen ihren Weg aufgrund des Bewusst-

---

* Amerikanischer Originaltitel des Buches: »The Soul of Leadership«.

seins der Seele (egal wie sehr wir sie zum Mythos machen). Sie nutzten dieses Bewusstsein, um sich mit einer Quelle der Weisheit zu verbinden, die es schon immer gab und die uns allen zur Verfügung steht.

In jeder Gruppe wird das Verhalten der Mitglieder von zwei grundlegenden Lebensthemen bestimmt: Bedürfnis und Reaktion. Könnten wir uns klar sehen, würden wir jeden Tag erkennen:

• Es gibt etwas, das wir brauchen, angefangen von elementaren Bedürfnissen nach Nahrung und Schutz bis hin zu höheren Bedürfnissen nach Selbstwert, Liebe und spiritueller Bedeutung.

• Und es gibt eine Reaktion auf dieses Bedürfnis, mit der wir versuchen, es zu erfüllen; sie reicht von Kampf und Konkurrenz bis hin zu innovativen Entdeckungen und göttlicher Inspiration.

Diese zwei Themen beherrschen unser inneres und unser äußeres Leben. Sie überragen alle anderen Kräfte, und ähnlich wie das Wirken der Seele folgen sie einer Ordnung. Den niederen Bedürfnissen und Reaktionen folgen die höheren (wie Bertolt Brecht sagte: »Erst kommt das Fressen, dann kommt die Moral«). Diese aufsteigende Skala nennt man die »Hierarchie der Bedürfnisse«. Wenn Sie sich als Führungsperson der Hierarchie der Bedürfnisse und der entsprechenden Möglichkeiten ihrer Erfüllung bewusst sind, können Sie wirksam darauf eingehen, was die Gruppe braucht, von elementaren bis hin zu spirituelleren Bedürfnissen. Das ist das Machtvollste, was gute Führung bewirken kann.

Extreme soziale Bewegungen (wie Faschismus, Fundamentalismus, ethnischer Nationalismus etc.) beispielsweise gründen auf Angst, der primitivsten Reaktion einer Gruppe, die ihr primitivstes Bedürfnis zu erfüllen sucht: das Überleben. Auch äußerer Druck wie ökonomische Krisen, soziale Migrationen und starke Konkurrenz können dieses Bedürfnis auslösen.

Der tschechische Dichter Vaclav Havel wurde nach dem Sturz des Kommunismus Präsident der neuen Republik, weil er das elementare Bedürfnis seiner Landsleute nach Sicherheit befriedigte, doch dann wandte er sich ihren höheren, jahrzehntelang unterdrückten Bedürfnissen nach Einheit und Selbstbewusstsein zu. Dr. Martin Luther King Jr. gab einer unterdrückten Minorität die

Chance, sich über ihr Bedürfnis zu überleben hinaus mit ihren höheren Bedürfnissen nach Würde und spiritueller Bedeutung zu verbinden. Er bot ihnen die Gelegenheit zur Transformation. Buddha und Christus erfüllten mit der universellen Sehnsucht nach Einheit die Bedürfnisse ihrer Anhänger auf höchster Ebene.

Wie das Vorbild dieser großartigen Führungspersönlichkeiten zeigt, ist Führen mit Seele weder mysteriös noch abstrakt. Inspirierte Führung gibt echte Antworten auf echte Bedürfnisse. Diese Fähigkeit lässt sich erlernen. Sie können das, und ich auch. Wir können auf jeder Ebene des inneren und des äußeren Lebens einer Gruppe auf ihre Bedürfnisse eingehen – in Familien, in Gemeinschaften, in Unternehmen. In der tieferen Wirklichkeit der Seele erschaffen Führende und Geführte sich gegenseitig. Sie sind durch ein unsichtbares spirituelles Band miteinander verbunden. Führende existieren, um die Werte zu verkörpern, nach denen Geführte verlangen, und Geführte nähren die Vision des Führenden.

Die grundlegenden Prinzipien

Der Entwicklungsweg eines Führenden dreht sich um die Erweiterung der Bewusstheit. Die Seele ist vollkommen bewusst, sie nimmt jeden Aspekt einer Situation wahr. Diese Perspektive steht uns immer zur Verfügung, doch gewöhnlich nehmen wir sie wegen innerer Hindernisse nicht wahr. Wir sehen, was wir sehen wollen oder was uns unsere Voreingenommenheit und Begrenztheit zu sehen erlaubt. In Ihrer Entwicklung zum inspirierten Führen werden Sie lernen, diese Hindernisse aus dem Weg zu räumen. Dann wird, was vorher schwierig war, mühelos sein, und Ihre Seele ebnet Ihnen den Weg. Ihre Vision wird klarer, und Sie sehen deutlicher, wo es langgeht, bis schließlich das ganze Universum zusammenzuwirken scheint, um die Kreativität, Intelligenz, Organisationskraft und Liebe zu generieren, die das Wesen des inspirierten Führens ausmachen.

Erster Teil

L-E-A-D-E-R-S

L = Look and Listen –
Hinschauen und Zuhören

Große Führungspersönlichkeiten haben eine Vision und die Fähigkeit, sie zu manifestieren. Um Ihre eigene Vision zu finden, ist es gut, mit Hinschauen und Zuhören anzufangen, sowohl was die Situation um Sie herum als auch was Ihr Inneres betrifft. Dazu gehören vier Schritte:

Unparteiische Beobachtung – Mit den Sinnen hören und sehen
Analyse – Mit dem Verstand hören und sehen
Fühlen – Mit dem Herzen hören und sehen
Verinnerlichung – Mit der Seele hören und sehen

Wenn diese vier Schritte erfolgt sind, kann Ihre persönliche Vision zum Ausdruck kommen.

Die besten Eigenschaften für den Anfang einer Karriere sind Begeisterung, Grundwerte und voller Einsatz für ein Ziel. Aus diesen Elementen lässt sich eine Vision schmieden. Wie Sie feststellen werden, wenn Sie mit hoch inspirierenden Führungspersönlichkeiten sprechen, haben sie alle mit Begeisterung und mit der Vision von etwas Großem angefangen. Sie widmeten sich hingebungsvoll einem tief empfundenen Ziel. Und sie beharrten auf gewissen unabdingbaren Werten. Um Ihre eigene innere Größe zu finden, sollten Sie sich vorrangig auf diese Elemente konzentrieren.

Immer wieder haben Wissenschaftler versucht, äußere Gründe für den Aufstieg erfolgreicher Führungspersonen zu finden. Aus diesen Studien kann der Eindruck entstehen, dass ein wohlhabendes Elternhaus, hervorragende Bildung, der Umgang mit erfolgreichen Menschen und ein hoher IQ eine Führungsposition mehr oder weniger garantieren. Doch wie wir alle wissen, kann man auch mit nichts anfangen und zu einer großartigen Führungsperson werden oder alle Vorteile haben und trotzdem nichts erreichen. Äußere Vorteile erleichtern die Startbedingungen, doch sie sind keine Erfolgsgarantie.

Man könnte den Ansatz ja auch mal umdrehen und stattdessen auf die Dinge schauen, die uns allen zur Verfügung stehen. Jeder kann hören und sehen – unsere Augen und Ohren sind unsere grundsätzlichsten Wahrnehmungsorgane. Doch bei Führenden wird daraus mehr. Führende brauchen eine klare Vision, die anderen als Richtung dient und sie inspiriert. Eine klare Vision wiederum muss manifestiert werden. Selbst die großartigsten Ideen bleiben Tagträume, solange sie nicht umgesetzt werden. Wenn Sie ein erfolgreicher Visionär werden wollen, beginnt Ihre Reise mit zwei entscheidenden Fragen: Was ist meine Vision? Was kann ich tun, um sie zu verwirklichen?

Eine Vision entsteht nicht in einem Vakuum, sondern aus der gegebenen Situation. Das kann eine Krise oder ein Routineprojekt sein, ein Managementproblem oder eine finanzielle Notlage – alles, was den Führenden fordert, solche Situationen ganz genau anzuschauen und genau hinzuhören, um sie einschätzen zu können. Das betrifft Eltern, Sportcoachs, Mentoren, Berater, Manager und CEOs gleichermaßen. Sooft Sie aufgefordert werden, zu beraten, zu lehren, anzuordnen, zu motivieren, zu inspirieren oder zu planen, klopft eine Gelegenheit an.

Stellen Sie sich vor, drei Leute sitzen in einem Vorzimmer auf dem Sofa. Alle haben ihre beste Business-Kleidung angezogen. Das Büro gehört einem Risikokapitalgeber, der sich bereit erklärt hat, allen eine halbe Stunde zu geben, in der sie ihr Konzept für ihre Unternehmungsgründung erläutern können – ein Gespräch, das über Gedeih und Verderb entscheiden kann. Wer von den dreien wird sich als Führungsperson hervortun, wer hat die beste Chance, den Kapitalgeber zu überzeugen?

Der Erste ist so nervös, dass er feuchte Hände hat. Er versucht, ein bisschen Konversation zu machen, aber als er merkt, dass er nur schwafelt, hört er auf und schweigt. Er schließt die Augen, geht innerlich noch einmal die Rede durch, die er vorbereitet hat. Letzte Nacht hat er kaum geschlafen und jedes Wort kritisch überprüft. Sein ganzes Denken ist von einem einzigen Gedanken beherrscht: Jetzt oder nie. Siegen oder Sterben.

Der Zweite sieht deutlich ruhiger aus und wirkt sehr selbstbewusst. Er glaubt an seine Idee und ist sich des Erfolgs seines Unternehmens sicher – wenn er einen Geldgeber findet. Er ist es gewohnt, dass man zu ihm aufsieht, wie sein aufrechter und klarer Blick zeigt. Könnte er den Kapitalgeber vielleicht zu einer Runde Golf oder Basketball überreden? Wie er weiß, wirkt er im lockeren Zweiergespräch immer am überzeugendsten.

Die dritte Person betrachtet neugierig den Raum. Sie bemerkt den dicken, kostbaren Teppich und die frischen Blumen, aber vor allem achtet sie auf die Mitarbeiter, die im Büro des Kapitalgebers ein und aus gehen. Sie tragen keine Anzüge und Kostüme, sondern Jeans und lockere Kleidung. Sie wirken konzentriert, aber nicht angespannt. Die dritte Person fühlt sich ganz ähnlich. Sie ist offen für das, was geschehen wird. Sie ist sich sicher: Sitzt sie dem Kapitalgeber erst gegenüber, dann wird sie wissen, mit welcher Art von Persönlichkeit sie es zu tun hat, und kann entsprechend auf ihn eingehen.

Von diesen dreien achtet der Erste auf kaum etwas anderes als seine eigenen Gefühle, die ihn angespannt und verschlossen machen. Der Zweite ist entspannter und sieht die Dinge schon ein bisschen vom Herzen her. Er beurteilt Menschen und Situationen danach, wie sie sich anfühlen. Die dritte Person geht jedoch noch einen Schritt weiter. Sie ist offen für ihre Umgebung, schaut interessiert zu und hört hin. Aus dem, was sie dort wahrnimmt, fängt sie an, ein Szenario zu entwickeln. Sie kann sich in diesem Szenario sehen und ist bereit, sich anzupassen. Und wenn sie doch nicht dazupasst? Dann wird sie nicht den Fehler machen, das Geld des Kapitalgebers anzunehmen; sie wird weiterziehen und etwas anderes finden.

Wie diese imaginierte Szene zeigt, verfügt in diesem Augenblick diejenige Person über das größte Potenzial, die auf der tiefsten Ebene hören und sehen kann. Um zu führen, braucht man eine gesunde innere Basis. Wenn Sie an den Punkt kommen, wo Sie mit Ihrem ganzen Wesen sehen und hören, verfügen Sie über eine Grundlage inspirierten Führens.

Vier Ebenen der Wahrnehmung

Um echte Erkenntnisse zu gewinnen, müssen das Hören und das Sehen auf vier verschiedenen Ebenen stattfinden. Mit den Augen zu sehen ist nur der Anfang. Zum vollständigen Hören und Sehen müssen Körper, Verstand, Herz und Seele einbezogen werden.

Körper: die Stufe der Beobachtung
und der Informationssammlung
Verstand: die Stufe der Analyse und der Beurteilung
Herz: die Stufe des Fühlens
Seele: die Stufe der Verinnerlichung

Wenn Sie alle diese Stufen zufriedenstellend durchlaufen, kann sich Ihre Vision auf der Basis eines tiefgehenden Verständnisses in jedem Augenblick als wahrer Ausdruck Ihrer selbst offenbaren.

Beobachtung: Beginnen Sie damit, so offen und unparteiisch wie möglich zu sein. Sehen Sie, so viel Sie können, und hören Sie jedem zu, der etwas zu sagen hat. Verhalten Sie sich in gewisser Weise wie eine Videokamera. Nehmen Sie alle Sichtweisen und Geräusche ungehindert und objektiv wahr.

Analyse: Gleichzeitig nehmen Sie die Situation auch mit dem Verstand wahr. Sie wägen ab und analysieren. Lassen Sie alle Ideen in sich auftauchen. Achten Sie auf das, was sich zeigt, achten Sie auf den leisesten Hauch einer Antwort, auf neue Interpretationen und ungewohnte Kombinationen. Versuchen Sie, Ihre Vorurteile und Vorlieben zu vermeiden. Seien Sie unvoreingenommen und behalten Sie einen klaren Kopf.

Fühlen: Achten Sie auf der Ebene des Herzens darauf, was sich richtig anfühlt. Fühlen ist subtiler und reiner als Analysieren. Auf dieser Ebene können plötzlich neue Erkenntnisse auftreten. Hier kommt Intuition ins Spiel, es entsteht Raum für jenen »Aha«-Effekt, der mit kreativen Quantensprüngen einhergeht.

Verinnerlichung: Und jetzt lassen Sie los und warten ab. Wenn eine Vision in die Phase der Verinnerlichung geht, sinkt sie an einen tiefen, unsichtbaren Ort. Eine große, unendliche Intelligenz nährt sie dort und passt sie Ihren Bedürfnissen und den Bedürfnissen Ihrer Umwelt an. Hier stehen Sie mit etwas in Verbindung, das umfassender ist als Sie selbst, ob Sie es nun Höheres Selbst, reines Bewusstsein oder Ihre Verbindung zu Gott nennen. Wenn Ihnen keiner dieser Begriffe passt, können Sie sich die Seele auch einfach als Ihr »wahres Sein« vorstellen, als das, »was ich wirklich bin«.

Eine Führungsperson entsteht also aus sich selbst heraus. Sie verbindet ihre innere Wahrnehmung mit der äußeren Situation. Ein vierundzwanzigjähriger Inder, der 1893 nach Südafrika kam, sah: Er würde Schläge einstecken, falls er sich weigerte, auf dem Trittbrett des Busses zu stehen, um weißen Passagieren Platz zu machen. Er sah: Er wurde im Zug in die dritte Klasse verwiesen, obwohl er einen Fahrschein für die erste Klasse besaß. Doch Mohandas Gandhi nahm die Situation auf allen vier Ebenen der Wahrnehmung auf. Mit seinen Augen schaute er sich um und sah Diskriminierung. Mit seinem Herzen fühlte er das Unerträgliche der Situation. Mit seinem Verstand analysierte er, dass eine neue Taktik – der zivile Ungehorsam – etwas verändern könnte. Mit seinem Sein widmete er sich voll und ganz einer Vision der Freiheit, egal um welchen Preis.

Heutzutage ist der Begriff der Vision in vielen Führungsseminaren gang und gäbe, allerdings meistens in seiner intellektuellen Bedeutung. Potenziellen Führungskräften wird beigebracht, ihren Verstand zur Analyse verschiedener hypothetischer Szenarien zu verwenden. Doch ohne Gefühle, Intuition, Erkenntnis und die tiefe Weisheit der Seele bleibt das Potenzial dieser Schulungen ungenutzt. Die größten Führungspersönlichkeiten waren auch große Seelen – das ist eine Wahrheit, die niemand leugnen kann. In der Apartheid in Südafrika, der Sklaverei vor dem amerikanischen Bürgerkrieg oder der Kolonialherrschaft in Indien sahen ihre Augen dasselbe wie die Augen aller Menschen. Ihr Verstand dachte dieselben Gedanken wie viele andere. Ihre Herzen litten genauso unter der Ungerechtigkeit wie die zahlloser Menschen. Doch Nelson Mandela, Abraham Lincoln und Mahatma Gandhi gingen tiefer und fragten sich aus tiefster Seele, wie ein neuer Umgang mit der Situation aussehen und wie eine neue Vision verwirklicht werden könnte.

Seinen wahren Lebenszweck finden

Das Geheimnis herausragenden Führens liegt im Kontakt zur Seele. Wir sind alle fähig, dem Pfad zu folgen, der Körper, Verstand, Herz und Seele miteinander verbindet. Durch die Verbindung zur Seele wird Ihr wahrer Lebenssinn zur Grundlage all Ihres Handelns werden. Menschen, die führen, existieren, um zu geben, und Sie können nur geben, was Sie haben. Die Seele – das heißt, der Kern Ihres wahren Selbst – ist der Ort, wo Sie über Erkenntnis, Kreativität, Imagination und tiefe Intelligenz verfügen. Wenn Sie wissen, was in Ihrem Kern vor sich geht, wird das, was Sie zu geben haben, grenzenlos.

In diesem Kapitel werden Sie angeleitet, Ihren Lebenszweck in einem einzigen Satz zusammenzufassen, und sobald Sie sicher sind, dass diese Aussage Ihre Mission wahrhaftig widerspiegelt, werden Sie sie in einem einzigen Wort verdichten.

Martin Luther King Jr. hätte folgenden Leitsatz haben können: »Ich bin hier, um die Rassendiskriminierung und die soziale

Ungerechtigkeit zu beenden.« In einem einzigen Wort zusammengefasst, ginge es um »Freiheit«. Der Leitsatz von Charles Darwin lautete vielleicht: »Ich bin hier, um zu beobachten, wie sich das Leben verändert und an seine Umgebung anpasst.« Auf ein einziges Wort konzentriert ging es ihm vielleicht um »Evolution«.

Ihr Leitsatz wird aus einer Verbindung von zwei Komponenten bestehen, die wir in diesem Kapitel entwickeln wollen: aus Ihrem Seelenprofil, in dem sich Ihre Werte spiegeln, und einer persönlichen Vision, die Ihre grundlegende Absicht ausdrückt.

Ihr Seelenprofil

Beantworten Sie folgende Fragen mit möglichst wenigen Worten oder Sätzen. Seien Sie ehrlich und denken Sie nicht zu lange nach, bevor Sie antworten. Lassen Sie sich von Ihren ersten Impulsen leiten.

- Was ist mein Beitrag im Leben?
- Was ist der Sinn und Zweck meines Tuns?
- Wie fühle ich mich, wenn ich eine Gipfelerfahrung habe?
- Wer sind meine Vorbilder (aus der Geschichte, Mythologie, Literatur, Religion etc.)?
- Welche Qualitäten sind mir bei besten Freunden wichtig?
- Worin bestehen meine besonderen Fertigkeiten und Talente?
- Welches sind die besten Eigenschaften, durch die ich mich in persönlichen Beziehungen auszeichne?

Mithilfe der Schlüsselwörter aus Ihren Antworten schreiben Sie jetzt ein kurzes Seelenprofil, als ob Sie eine andere Person beschrieben.

Zum Beispiel: »Deepaks Lebenszweck besteht darin, persönlich zu wachsen und innere Potenziale und verborgene Möglichkeiten zu entfalten. Sein Beitrag ist es, liebevoll und unterstützend zu sein. In Gipfelerfahrungen fühlt er großen inneren Frieden und Einheit mit allem um sich herum. Seine Vorbilder sind Gandhi,

Buddha, Jesus, die göttliche Mutter und Krishna. Bei seinen besten Freunden legt er Wert auf Verständnis und Anregung. Seiner Meinung nach liegt seine besondere Fertigkeit in der Kommunikation, und er ist begabt darin, andere anzuregen, über ihre Konditionierungen und Begrenzungen hinauszuschauen. In persönlichen Beziehungen zeichnet er sich durch Liebe, Unterstützung und Wertschätzung des anderen aus.«

Legen Sie Ihr Seelenprofil neben sich und gehen Sie zum nächsten Schritt über: Definieren Sie Ihre persönliche Vision.

Ihre persönliche Vision

Nehmen Sie Papier und einen Stift zur Hand. Vervollständigen Sie die folgenden Sätze mit möglichst wenigen Worten. Schreiben Sie möglichst spontan. Achten Sie nicht darauf, ob es logisch klingt oder umsetzbar ist. Notieren Sie einfach, was Ihnen in den Sinn kommt. Und seien Sie vor allem sich selbst gegenüber ehrlich.

- Ich möchte in einer Welt leben, in der …
- Es würde mich inspirieren, in einer Organisation zu arbeiten, die …
- Ich wäre stolz, ein Team zu führen, das …
- Eine transformierte Welt wäre …

Beantworten Sie die folgenden Fragen, um Ihre gegenwärtige Arbeit mit Ihrer Vision zu verknüpfen:

- Wie spiegelt sich Ihre oben beschriebene Vision in Ihrer Arbeit in der Welt wider?
- Was brauchen Sie (von Ihrem Team, von Ihrer Organisation), um Ihren Idealen näherzukommen?
- Was können Sie (Ihrem Team, Ihrer Organisation) anbieten, um Ihren Idealen näherzukommen?

Möglicherweise ist Ihre gegenwärtige Tätigkeit weit von Ihrer Vision entfernt. Der erste Schritt, um diesen Abstand zu verringern, besteht darin, Ihre Vision so konkret wie möglich zu definieren. Vage Ideale bleiben passiv; ein fokussierter Zweck erweckt die unsichtbaren Kräfte der Seele. Möglicherweise sind Sie aber auch schon auf einem guten Weg zur Verwirklichung Ihrer Vision oder Sie haben zumindest erste Schritte gemacht. Es gibt dabei kein Richtig und Falsch. Es geht hier darum, sich darüber klar zu werden, welche Art von Welt Sie anstreben und wie Sie sich darin sehen.

Ihr Leitsatz

Nachdem Sie jetzt Ihre Werte und Ihre Vision aufgeschrieben haben, können Sie die beiden in eine zusammenhängende Aussage über die Ausrichtung Ihres gegenwärtigen Lebens fassen. Ihr Leitsatz sollte beschreiben, was Sie als Führungsperson von nun an erreichen wollen. Orientieren Sie sich dabei an folgender Formel:

- Alles, was ich tue, dient dazu …
- oder: Mein Lebenszweck hinter allem, was ich tue, ist …

- Halten Sie es kurz und bündig.
- Es sollte so einfach formuliert sein, dass es auch ein Kind verstehen kann.
- Sie sollten es selbst im Schlaf wiederholen können.

Beispiel: Mein eigener Leitsatz lautete ursprünglich: »Eine kritische Masse zu erreichen und eine friedvolle, gerechte, nachhaltige und gesunde Welt zu erschaffen.« Das musste vereinfacht werden, und so formulierte ich: »Der Welt und allen, die darin leben, zu dienen.«

Zu guter Letzt versuchen Sie, Ihren Leitsatz auf ein Wort zu konzentrieren. Meines ist »Dienen«. Ihres ist vielleicht »Wachsen«,

»Entwickeln«, »Inspirieren«, »Frieden« oder dergleichen. Entscheidend dabei ist, Ihrem wahren Selbst zuzuhören, wenn Sie Ihren Lebenszweck auf prägnante Weise zum Ausdruck bringen; das ist für jeden, der mit Seele führen will, das erste Gebot.

Als Führungsperson gilt es für Sie, Ihre Vision mit Begeisterung, Inspiration und Enthusiasmus in die Welt zu tragen. Das Wort *Enthusiasmus* leitet sich von der griechischen Wurzel *en-theos* ab, das bedeutet »von Gott erfüllt«. Inspiration stammt von dem lateinischen Begriff *inspiratio = Beseelung, Einhauchen des Geistes.* Wenn Sie andere inspirieren, hauchen Sie ihnen den Geist Ihrer Vision ein und motivieren sie, in derselben Atmosphäre zu atmen.

Umsetzung Ihrer Vision

Eine Vision ist allgemein, Situationen sind spezifisch. In jeder Gruppensituation gibt es Menschen mit komplexen Gefühlen, Überzeugungen, Gewohnheiten, Erfahrungen, Erinnerungen und Zielen. Jeder Führende kann eine solche Gruppe inspirieren, aber nur erfolgreiche Visionäre können alle diese Aspekte beeinflussen, auch die verborgenen und höchst persönlichen. Eine Vision zu haben ist also nur der erste Schritt. Danach kommt es darauf an, sich in die Situationen zu begeben und auf jeder Ebene mit ihnen umgehen zu können, von oberflächlichen (aber notwendigen) Verwaltungsaufgaben bis hin zur Formulierung der zentralen Werte und Überzeugungen, die jedem von uns kostbar sind.

Es ist leicht, Situationen zu finden, die nach Führung schreien. Der nächste Schritt ist, sich auf das konkrete Bedürfnis zu konzentrieren, das zu produktiven Veränderungen führt. Wenn Sie sich bewusst machen, was nötig ist, werden Sie feststellen, dass ein Bedürfnis etwas anderes ist als ein Ziel. Eine Gruppe könnte das Ziel haben, eine neue Marketing-Kampagne zu kreieren oder neuen Management-Teams Arbeit zuzuweisen, aber auf einer weniger sichtbaren Ebene muss der Führende einige grundlegende Bedürfnisse erfüllen, die darüber entscheiden, ob das Ziel erreichbar ist. Wir haben diese universellen Bedürfnisse schon kurz erwähnt. Es gibt sieben davon; sie sind hier in aufsteigender Ordnung aufgelistet.

Die Bedürfnisse von Gruppen

1. Sicherheit
2. Leistung, Erfolg
3. Kooperation
4. Zuwendung, Zugehörigkeit
5. Kreativität, Entwicklung
6. Moralische Werte
7. Spirituelle Erfüllung

Der Pionier, der die Pyramide menschlicher Bedürfnisse erstellte, war der Psychologe Abraham Maslow. Er erkannte, dass die grundlegenden Bedürfnisse (vor allem Nahrung und Sicherheit) erfüllt sein müssen, bevor sich ein Mensch den höheren Bedürfnissen (wie Liebe und sozialen Kontakt) zuwenden kann.

Im Zusammenhang mit Führung lässt sich Maslows Hierarchie auch auf Gruppen anwenden. Die Formulierung der Bedürfnisse muss dafür ein wenig angepasst werden, aber das Grundprinzip trifft auch hier zu: Es müssen zunächst die grundlegenden Bedürfnisse erfüllt sein, bevor man sich den höheren zuwendet.

Eine Führungskraft darf nicht den Fehler machen, höhere Bedürfnisse anzusprechen, bevor die grundlegenden Bedürfnisse aller gedeckt sind. Sie muss sich ganz auf die Situation einlassen und auf unmittelbare eigene Erfahrungen zurückgreifen können, um zu erkennen, was gerade los ist. Die Leute schreiben es sich nicht auf die Stirn, was sie brauchen – im Gegenteil. Das ewige Klageweib hat vielleicht Angst, ihren Job zu verlieren, und braucht Sicherheit. Der lautstarke Kritiker neuer Ideen fühlt sich vielleicht außen vor und braucht Zuwendung. Unser Thema sind hier zwar Gruppen in Arbeitszusammenhängen – Projektteams, Abteilungen, Management-Gruppen –, diese Bedürfnisse sind jedoch universell und lassen sich überall anwenden. Die Gruppe könnte daher auch Ihre Familie sein, eine ehrenamtliche Organisation oder die Pfadfindertruppe. Um zur Seele ihres Teams zu werden, muss die Führungsperson richtig erkennen, was jeder braucht, und ihrer Wahrnehmung dann Taten folgen lassen.

Hier finden Sie zur Orientierung einige alltägliche Situationen, die sich um diese sieben Bedürfnisse drehen:

1. Sicherheit
Situationen der Bedrohung und der Instabilität. Unzufriedenheit liegt in der Luft. Die Gesichter wirken nervös, ängstlich, angespannt. Wer sorgt für ein Gefühl der Sicherheit in dieser Situation?

2. Leistung, Erfolg
Situationen nicht erbrachter Leistungen. Die Leute fühlen sich erfolglos. Sie wollen produktiver sein, aber es fehlt an Feuer oder Begeisterung. Wer tritt nach vorne und sorgt für die nötige Motivation?

3. Kooperation
Situationen der Zusammenhanglosigkeit und Fragmentierung. Es fehlt an Gemeinschaftsgeist. Die Gruppe ist zersplittert, es gibt dauernd Streit und Geplänkel. Besprechungen dauern ewig, und es kommt nichts dabei heraus. Wer bildet den Leim, um in der Situation wieder Zusammenhalt zu schaffen?

4. Zuwendung, Zugehörigkeit
Situationen der Teilnahmslosigkeit und Apathie. Alle machen ihren Job, aber ohne innere Anteilnahme. Es gibt wenig persönliche Unterstützung oder Vertrauen. Wer bringt wieder Herzensqualitäten in die Situation und verbreitet das Gefühl von Zugehörigkeit?

5. Kreativität, Entwicklung
Situationen, die von alten Strategien und schalen Konzepten geprägt sind. Die Leute fühlen sich gelähmt. Es muss etwas Neues

her, darin sind sich alle einig, aber der Status quo verändert sich nur geringfügig. Wer bringt wieder Kreativität ins Spiel?

6. Moralische Werte

Situationen, die spirituell leer und bedeutungslos sind. Die Schwachen fühlen sich hoffnungslos, und die Starken schlagen zynisch Nutzen daraus. Es ist die Rede von mehr Gerechtigkeit, aber keiner weiß, wie man das angehen könnte. Die Zukunft ist von Wunschdenken geprägt, doch die Gegenwart ist bedrückend und erstickend. Wer inspiriert Hoffnung und ein neues Gefühl der Unbefangenheit?

7. Spirituelle Erfüllung

Situationen, die mit dem menschlichen Dasein zu tun haben. Die Leute stellen große Fragen wie: »Wer bin ich? Warum bin ich hier?« Viele suchen Gott. Man spricht von einer höheren Wirklichkeit, doch es mangelt am Glauben daran. Wer kann diese Situation erhellen und zeigen, dass Heiligkeit eine lebendige Wirklichkeit ist?

Bis jetzt haben wir uns auf das Sehen konzentriert, aber um eine Situation und das dringend nach Erfüllung verlangende Bedürfnis darin zu verstehen, ist Zuhören genauso wichtig. In fast jeder Aufstellung von Führungseigenschaften steht: Eine Führungskraft muss gut zuhören können. Gut zuzuhören ist eine echte Fertigkeit. Folgende Faktoren gehören dazu:

Was macht gute Zuhörer aus?

- Sie unterbrechen nicht.
- Sie zeigen Einfühlungsvermögen: Sie kritisieren nicht, debattieren nicht und bevormunden nicht.
- Sie erzeugen ein körperliches Gefühl von Nähe, ohne die Privatsphäre zu verletzen.
- Sie achten auf die Körpersprache der anderen und zeigen durch ihre eigene, dass sie ganz bei der Sache sind.

31

- Sie offenbaren auch Eigenes, aber nicht zu viel und nicht zu schnell.
- Sie verstehen die Lebensumstände ihres Gegenübers.
- Sie hören auf allen vier Ebenen zu: mit Körper, Verstand, Herz und Seele.

Wenn Sie versuchen, die Geschichte eines anderen vorbehaltlos aufzunehmen, beginnt das Hören ähnlich wie das Schauen mit der sinnlichen Wahrnehmung. Auf der nächsten Ebene gehen Sie über das reine Hören hinaus und analysieren das Gehörte mit Ihrem Verstand. Sie fühlen auch mit dem Herzen, was die Worte vermitteln wollen – die meisten Menschen drücken auf der Gefühlsebene sehr viel mehr aus, als die Worte zunächst zu sagen scheinen. Und schließlich lassen Sie die Worte in Ihrer Seele nachhallen, lassen sie in sich reifen, bevor Sie einen Rat geben oder aktiv werden.

Die Hierarchie der Bedürfnisse ist wie eine Leiter, aber im Leben geht es um Menschen – um komplexe Wesen in komplexen Umständen. Statt einer Leiter präsentiert uns das Leben ein Wollknäuel, das es zu entwirren gilt. Situationen überlappen sich. Bedingungen ändern sich ständig. Deshalb müssen Sie flexibel bleiben und immer wieder hinschauen und zuhören, um das wahre Bedürfnis zu erkennen, das Sie erfüllen sollen.

Führen ist eine Lebenshaltung – für die Sie sich jetzt entscheiden können. Ein Führender bewegt sich so natürlich wie möglich mit dem Leben, selbst wenn niemand da ist, der folgt. An jeder Stelle des Wegs verfügt er über etwas, das ihn von anderen unterscheidet. Es ist nicht Charisma, Selbstbewusstsein, Ehrgeiz oder Ego. Diese Qualitäten sind uns von bekannten Führungskräften vertraut, aber sie sind nicht erforderlich. Das wesentliche Element ist sich ständig erweiternde Bewusstheit – und sie beginnt mit Hinschauen und Zuhören.

Die Lehren des Hinschauens und Zuhörens

- 🔅 Führen mit Seele bedeutet, auf vier Ebenen zu sehen und zu hören: mit dem Körper, dem Verstand, dem Herzen und der Seele.
- 🔅 Wenn Sie Ihre eigene Vision haben, wird sie in allem, was Sie tun, Ihr Antrieb und Ihre Motivation sein.
- 🔅 Als Führungsperson müssen Sie auf die ganze Hierarchie der Bedürfnisse eingehen können, von den grundlegendsten bis zu den höchsten.

WAS KÖNNEN SIE HEUTE TUN?

Es ist Zeit, damit anzufangen, Ihre Vision auf die Bedürfnisse anderer anzuwenden. Betrachten Sie heute die Gruppe, die Ihnen am wichtigsten ist: Ihr Arbeitsteam, Ihre Familie, Ihre Projektgruppe etc. Was braucht Ihre Gruppe? Was haben Sie diesbezüglich anzubieten? (Konzentrieren Sie sich darauf, was Sie heute sehen; in späteren Kapiteln gehen wir darauf ein, wie Sie die Gruppe weiterführen können, wenn die grundlegenden Bedürfnisse gedeckt sind.)

Im Umgang mit der Situation werden Ihre natürlichen Stärken zum Tragen kommen. Betrachten Sie die folgende Liste daraufhin, wie Ihre eigenen Reaktionsimpulse und die beschriebene Erwiderung einer Führungsperson zusammenpassen.

- **Gruppenbedürfnis:** Sicherheit
- **Führungsperson:** Ich fühle mich stark, wenn es darum geht, mich für andere einzusetzen. Ich behalte in Krisen einen klaren Kopf, in Notsituationen kann man sich auf mich verlassen.

- **Gruppenbedürfnis:** Leistung, Erfolg
- **Führungsperson:** Ich weiß, wie man gewinnt. Ich kann Leute

motivieren, Leistung zu erbringen. Ich kann Leute für meine Ziele gewinnen.

• **Gruppenbedürfnis:** Kooperation
• **Führungsperson:** Ich kann gut vermitteln, weil ich beide Seiten des Konflikts erkenne. Ich bin stabil und nicht impulsiv. Ich weiß, wie ich Leute aus festgefahrenen Standpunkten lösen kann.

• **Gruppenbedürfnis:** Zuwendung, Zugehörigkeit
• **Führungsperson:** Empathie fällt mir leicht. Mir ist nichts Menschliches fremd. Ich kann Leute dazu bringen, einander zu vergeben und das Beste im anderen zu sehen. Ich kann gut und gelassen mit emotionalen Situationen umgehen.

• **Gruppenbedürfnis:** Kreativität, Fortschritt
• **Führungsperson:** Ich kann Menschen dazu inspirieren, außerhalb der gewohnten Bahnen zu denken. Ich liebe es, neue Möglichkeiten zu erkunden. Das Unbekannte macht mir keine Angst.

• **Gruppenbedürfnis:** Moralische Werte
• **Führungsperson:** Ich empfinde einen inneren Ruf. Ich möchte alte Wunden heilen, und ich kann Menschen helfen, den höheren Grund für ihr Hiersein zu erkennen. Ich möchte mein Verständnis dessen, warum wir hier auf der Erde sind, mit anderen teilen.

• **Gruppenbedürfnis:** Spirituelle Erfüllung
• **Führungsperson:** Ich fühle mich ganz. Ich beeinflusse andere, die sich nach der Erfahrung inneren Friedens sehnen, den ich erlebe. Meine innere Stille spricht lauter als Worte. Ich führe durch meine Präsenz. Andere halten mich für weise.

»Hinschauen und Zuhören« bewirkt, dass Sie von Ihrer Vision aus agieren. Dort liegt Ihre Begeisterung, weil Sie es sich nicht einfach ausgedacht haben, sondern weil sie wirklich dem entspricht, was Sie sind. Wenn Sie in eine Situation kommen und sich so einbringen, wie Sie sind, entwickeln Sie sich zusammen mit den

Menschen, denen Sie helfen. Sie verbinden sich miteinander auf Herzens-, Verstandes- und Seelenebene.

2

E = Emotionale Verbindung

Führende bringen in anderen das Beste zum Vorschein, aber erfolgreiche Visionäre gehen noch einen Schritt weiter: Sie bauen nachhaltige emotionale Verbindungen auf. Solche Führungspersönlichkeiten haben einen Platz in unserem Herzen. Menschen, mit denen Sie emotional verbunden sind, suchen den Kontakt mit Ihnen. Sie wollen Ihrer Vision dienen und an ihr teilhaben. Das motiviert zutiefst und baut dauerhafte und echte Loyalität auf.

Um solche Bindungen zu erschaffen, müssen Sie bereit sein, echte Beziehungen aufzubauen. Teilen Sie sich mit. Entwickeln Sie ein persönliches Interesse an anderen und beachten Sie ihre Stärken. Dazu müssen Sie selbst eine gesunde emotionale Energie ausstrahlen. Meiden Sie die drei giftigen A: Autoritarismus, Ärger und Abgehobenheit.

Machen Sie es sich zur Gewohnheit, sich in jeder Situation die Schlüsselfragen emotionaler Intelligenz zu stellen: »Wie fühle ich mich? Wie fühlen sich die anderen? Welche verborgenen Hindernisse liegen zwischen uns?« Eine Führungsperson, die diese Fragen beantworten kann, ist in der Lage, dauerhafte emotionale Bindungen aufzubauen.

Emotionen sind die unsichtbaren Verbündeten erfolgreicher Visionäre. Um Ihre Vision umzusetzen, müssen Sie diesen Bereich meistern. Stellen Sie sich einmal eine kraftvolle Führungsperson vor: Denken Sie dann an eine starke Autoritätsfigur, einen unnahbaren Chef, vor dessen Urteil sich jeder fürchtet? Traditionell versuchen Führungskräfte, Autorität, Kontrolle und Macht auszustrahlen. Auf lange Sicht funktioniert diese Strategie jedoch nicht: Ist Angst die Hauptmotivation, dann erbringen die Leute ihre Leistungen nur widerwillig oder gar nicht. Ein Führender, der mit positiven Emotionen arbeitet, vermag jedoch das Potenzial all seiner Mitarbeiter zu entfalten. Wenn Sie wirklich die Seele Ihres Teams sind, führen und dienen Sie gleichzeitig. Wenn andere Ihre Bereitschaft spüren, sich selbst voll und ganz einzubringen, werden sich Ihre Einflussmöglichkeiten enorm erweitern. Erfolgreiche Visionäre aller Zeiten haben emotionale Bande geknüpft, in der Regel instinktiv und ohne bewusste Absicht. Das Vorhandensein solcher Bande zeigt sich im Verhalten der Geführten:

- Sie halten sich gerne in der Gegenwart des Führenden auf.
- Sie möchten dienen.
- Sie wollen beste Leistungen erbringen, um dem Führenden näher zu sein.
- Sie möchten an der Vision des Führenden teilhaben.
- Sie möchten am Erfolg des Führenden teilhaben.

All das hat nichts mit Unterwürfigkeit zu tun. So funktioniert eine Gruppe einfach, wenn sie sich inspiriert fühlt. Inspiration beginnt mit emotionalem Engagement. Halten Sie einen Moment inne und denken Sie an eine Führungspersönlichkeit, die Sie inspiriert. Würde Ihnen die Gelegenheit geboten, dieser Person nahe zu sein, würden Sie dann nicht versuchen, in persönlichen Kontakt mit ihr zu treten, an ihrer Vision teilzuhaben und sich von ihrem Erfolg erfüllen zu lassen? Das sind Zeichen für eine emotionale Verbindung.

Emotionale Intelligenz entwickeln

Emotionale Bindungen einzugehen bedeutet nicht, übermäßig gefühlsbetont zu werden oder jedem sein Herz auszuschütten. Es geht darum, auf einer hohen Ebene emotionaler Intelligenz zu wirken. Emotionale Intelligenz ist inzwischen ein Aspekt der praktischen, angewandten Psychologie geworden. In unserem Zusammenhang sind vor allem einige grundlegende Prinzipien wichtig, die auf emotionaler Intelligenz beruhen und die es Ihnen ermöglichen, emotional klar und effektiv zu sein.

Emotionale Freiheit: Um sich wirksam mit anderen zu verbinden, müssen Sie emotional frei sein. Das bedeutet zunächst, frei von Schuld, Groll, Ärger und Aggressionen zu sein. Dazu müssen Sie keineswegs perfekt sein, aber Sie sollten sich Ihrer unterschwelligen Gefühle bewusst sein. Wir alle haben negative Emotionen, aber zum Wohl Ihrer Gruppe sollten Sie als Führungskraft fähig sein, mit ihnen klar umzugehen. Ein Führender sendet keine unklaren Signale aus und gibt sich keinen Ausbrüchen oder Stimmungsschwankungen hin – und falls es doch mal passiert, macht er es so schnell wie möglich wieder gut. Nur in solcher Klarheit können Sie sich selbst – und andere Ihnen – emotional vertrauen.

Um Klarheit zu gewinnen, ist Folgendes sehr nützlich:

- Bleiben Sie sich Ihres Körpers bewusst. Empfindungen der Anspannung, Steifheit, des Unbehagens und des Schmerzes sind ein Zeichen für negative Emotionen, die anerkannt und aufgelöst werden wollen.
- Achten Sie auf Ihre Gefühle. Emotionen überwältigen uns schnell und trüben dann unser Urteilsvermögen. Doch wenn Sie Ihre Emotionen als vorübergehende Ereignisse betrachten, können Sie ihrem Sog widerstehen.
- Bringen Sie Ihre Gefühle zum Ausdruck. Das bedeutet bei negativen und potenziell zerstörerischen Gefühlen vor allem, sie sich selbst gegenüber zum Ausdruck zu bringen. Lernen Sie, Ihre Negativität eigenständig aufzulösen, und zwar mit Sorgfalt. Lassen Sie keinen Ärger und Groll anstauen, nur weil Sie ihn in der Situation nicht losgeworden sind. Wenn Sie sich diese Gefühle nicht bewusst machen und sie auflösen, modern und schwären sie vor sich hin.

❦ Übernehmen Sie die Verantwortung für Ihre Gefühle. Wenn jemand anderes einen Fehler macht, ist es seine Verantwortung, ihn zu korrigieren, aber wie Sie diesbezüglich mit Ihren Gefühlen umgehen, liegt bei Ihnen – Ihre Emotionen sind ganz allein Ihre Sache. Oft hilft es, ein Tagebuch Ihres Gefühlslebens zu führen, im Guten wie im Schlechten. Halten Sie es sich zugute, wenn Sie mit einer schwierigen Situation umgegangen sind, ohne die Fassung zu verlieren, andere zu beschuldigen oder sich zu ärgern. Übernehmen Sie Verantwortung für die Situationen, in denen Ihre Emotionen Ihrer Führungsposition geschadet haben. Tagebücher sind gut dazu geeignet, sich ganz ehrlich die eigenen Schwächen einzugestehen, um an ihnen zu arbeiten.

❦ Reden Sie mit vertrauten Menschen über Ihre Gefühle. Jeder braucht einen geliebten oder nahestehenden Menschen, der ihm zuhört, ihn versteht und eine andere Sichtweise anbieten kann.

❦ Finden Sie andere Perspektiven. Emotionen sind oft eng mit Überzeugungen, Konditionierungen und dem Ego verbunden. Indem Sie sich über jemanden ärgern, behaupten Sie gleichzeitig: »Ich habe recht.« Lösen Sie diese selbstgerechte Haltung auf und finden Sie so viele andere Sichtweisen wie möglich. Wenn Sie herausfinden, was andere denken, haben Sie noch lange nicht unrecht; es erweitert nur Ihren Horizont.

Ein solches Verhalten nutzt nicht nur Ihnen selbst. Sind Sie emotional frei, fühlen sich auch andere Menschen in Ihrer Gegenwart wohler; es gibt ihnen mehr Energie und ermutigt sie, sich über ihre eigenen Gefühle klarer zu werden. Wie die Gehirnforschung zeigt, stehen Mütter und Kinder miteinander in einer sogenannten »limbischen Resonanz«: Das emotionale Zentrum des Gehirns, das limbische System, wird bei beiden gleichzeitig angeregt und führt zu parallelen biologischen Rhythmen wie Atmung oder Herzschlag. Wenn diese sehr im Einklang miteinander sind, können Mutter und Kind ohne Worte gegenseitig spüren, was sie fühlen und selbst denken. Dieser Mechanismus funktioniert auch noch im Erwachsenenleben. Sie können auf einer tiefen biologischen Ebene mit anderen in Einklang kommen und emotional frei und offen miteinander umgehen. Stress und versteckte Negativität hingegen bringen Menschen eher auseinander.

Gemeinsame Begeisterung: Verwandeln Sie ein »Das ist hervorragend für mich« in ein »Das ist hervorragend für uns«. Wenn Ihre Begeisterung andere nicht berührt, kann sie sogar negative Auswirkungen haben. Die Leute helfen einem Führenden nicht so bereitwillig, wenn sie nicht das Gefühl haben, damit auch sich selbst zu helfen. Seien Sie aufrichtig. Machen Sie »Ihren« Erfolg zu »unserem« Erfolg, wenn es stimmt. Und falls nicht, sind Sie gut beraten, sich nicht selbst herauszustellen, sondern das bestenfalls anderen zu überlassen.

Echte Anteilnahme an anderen: Sich fünf Minuten im Flur bei einem anderen nach dessen Befinden zu erkundigen und ein paar anerkennende Worte zu murmeln, stellt noch keine emotionale Verbindung her. Sie müssen wirklich Anteil nehmen. Was Ihnen in Ihrem Leben wichtig ist, ist auch für andere wertvoll. Schauen Sie der Person in die Augen, vergessen Sie für einen Moment alles andere und zeigen Sie natürliche Anteilnahme.

Bereitschaft, eine Beziehung aufzubauen: Letztlich beruhen alle Beziehungen auf dem, was zwei Menschen gemeinsam haben. Die stärksten Bande zwischen Erwachsenen sind die zwischen Gleichgestellten. Sie können nicht bei jedem zur Familie gehören, aber Sie können eine Atmosphäre der Gleichgesinntheit herstellen. Auf der Seelenebene ist das ohnehin die einzige Wahrheit, denn alle Seelen sind gleich. Nur die Rollen, die wir spielen, erzeugen die Illusion der Ungleichheit. Führende haben die Aufgabe, eine bestimmte Rolle zu spielen, aber Sie sollten darauf achten, Ihre Rolle auch hin und wieder einmal beiseitezulassen. Gehen Sie einfach in Kontakt, weil Sie das gerne tun und Spaß daran haben, mit dem anderen Ihre Zeit zu verbringen.

Die Stärken anderer fördern: Wie sich immer zeigt, konzentrieren sich die besten Führungskräfte auf die Stärken ihrer Untergebenen. Sie bauen ihre Mannschaft danach auf, wer was besonders gut kann. Sie ermutigen jeden, seine besten Seiten zu entwickeln. Aber das ist nur der Anfang. Die Leute wollen ihre individuellen persönlichen Stärken auch anerkannt wissen. Im Vorübergehen zu einem Maschinenführer zu sagen: »Gute Arbeit!«, ist zu allgemein. Sehr viel besser wirkt es, wenn Sie genau darauf hinweisen, was er gut macht, und ihm sagen, warum sein Beitrag wertvoll ist.

Das Selbstwertgefühl anderer stärken: Selbstwertgefühl beruht auf drei grundlegenden Elementen: auf dem Gefühl, gute und wertvolle Arbeit zu leisten, auf einem in der Kindheit und Jugend entwickelten positiven Selbstbild und auf einem Leben in Übereinstimmung mit den eigenen Grundwerten. Tun Sie also Ihr Bestes, um den Menschen um sich herum das Gefühl zu geben, dass sie geschätzt werden und dass sie allen Grund haben, sich selbst zu schätzen.

Gewaltfreie Kommunikation: Wenn Sie sich nicht mehr bedroht fühlen, können Sie Situationen so gestalten, dass die Bedürfnisse aller erfüllt werden. Bemerken Sie bei den Leuten, mit denen Sie kommunizieren, Stress, Misstrauen, Apathie, versteckte Feindseligkeit oder andere Zeichen von Widerstand, dann wirkt etwas auf der emotionalen Ebene gegen Sie. Alle Veränderungen bedrohen den Status quo. Die Trägheit widersetzt sich der Vision. Die Bedrohung wird kleiner, wenn Folgendes zutrifft:

- Sie respektieren die Meinungen anderer, auch wenn sie den Erfolg Ihrer Vision zu untergraben scheinen.
- Ihr Glück hängt nicht davon ab, dass sich jemand anderes verändert.
- Sie wollen wirklich verstehen, warum Ihnen andere Widerstand leisten, ohne sie zu verurteilen oder gering zu schätzen.
- Sie wollen mit den Veränderungen allen dienen oder zumindest so vielen wie möglich.

- Sie agieren von einem Ort inneren Friedens aus.
- Sie können Niederlagen hinnehmen, ohne es Ihren heutigen Gegnern nachzutragen – sie könnten morgen Ihre Verbündeten sein.

Konfliktlösung: Unsere Emotionen sind alle tief mit unseren Überzeugungen verknüpft. Sind sich zwei Menschen uneins, liegt die Ursache meistens auf der Gefühlsebene: Jemand steckt emotional fest. Verhandlung ist der einzige Weg, hier wieder etwas in Bewegung zu setzen. Wenn Sie mit Ihren Gegnern auf der emotionalen Ebene verhandeln können, hat die Begeisterung Ihrer Vision die Chance, das Herz Ihres Gegenübers zu erreichen.

Der Einsatz emotionaler Intelligenz als Verhandlungsinstrument setzt Folgendes voraus:

- Sie respektieren die gegnerische Seite und achten darauf, dass sie sich gewürdigt fühlt.
- Sie bleiben beharrlich, aber flexibel.
- Sie sind wirklich davon überzeugt, dass die andere Seite ein Recht auf ihre Haltung hat.
- Ihr Ziel ist eine Lösung, durch die beide Seiten gewinnen.
- Alle Beteiligten sollen mit dem Eindruck zurückbleiben, etwas gewonnen zu haben. Sie wünschen Ihren Gegnern das Beste. Sie zielen nicht darauf ab, ihnen so viel wie möglich abzuluchsen.
- Während der Verhandlungen gibt es für Sie kein Richtig und Falsch. Ob es Ihnen gefällt oder nicht: Alle am Tisch sind gleichberechtigt.
- Sie sehen auch die andere Seite der Medaille. Ihnen ist klar, dass sich die andere Seite vielleicht gekränkt oder geschädigt fühlt. Nicht nur Sie fühlen sich ungerecht behandelt.
- Sie sprechen persönlich, von Herzen. Dazu müssen Sie sich auf einfache, stimmige und ausgewogene Weise präsentieren.
- Seien Sie bereit zu vergeben und bitten Sie um Vergebung. Lassen Sie die Vergehen der anderen Vergangenheit sein und über-

nehmen Sie die Verantwortung für Ihre eigenen Fehler. Lassen Sie sich nicht auf Debatten über Ideologien oder Religion ein, denn dann fühlt sich der andere schnell angegriffen, egal wie diplomatisch Sie sich ausdrücken.

Die sieben Situationen

Gefühle weisen auf erfüllte oder auf unerfüllte Bedürfnisse hin. Eine Führungskraft behält das immer im Sinn. Sie ist nicht da, um Emotionen um ihrer selbst willen zu fördern. Alle der im ersten Kapitel erwähnten sieben Situationen haben einen emotionalen Aspekt. Das ist Ihr bester Hinweis auf das dahinterliegende Bedürfnis, das es zu erfüllen gilt. Es zu erkennen ist Ihre Aufgabe.

1. Unerfülltes Bedürfnis: Sicherheit

Emotionen: Angst; Ungewissheit; sich bedroht fühlen
Ihre Strategie: Legen Sie die Ängstlichkeit in der Gruppe offen. Geben Sie Ihren Leuten Gründe, weshalb sie sich nicht zu fürchten brauchen. Zeigen Sie einen Weg, der zu Stabilität führt. Bitten Sie die Stärksten, zu erzählen, woher sie ihre Kraft beziehen. Versprechen Sie, dass alle diese Krise überstehen werden, und erfüllen Sie dieses Versprechen so schnell wie möglich. Bieten Sie direkte persönliche Unterstützung an.

2. Unerfülltes Bedürfnis: Leistung, Erfolg

Emotionen: Motivationslosigkeit; Apathie; Gefühle des Versagens und der Unzulänglichkeit
Ihre Strategie: Beziehen Sie die Gruppe in Ihre persönliche Begeisterung mit ein. Bestätigen Sie kleine Erfolge. Machen Sie deutlich, dass alle Erfolge »unsere Erfolge« sind. Beschreiben Sie die neuen Möglichkeiten, die sich eröffnen. Gehen Sie genau darauf ein, wie jede Person ihren Stärken entsprechend Erfolg haben kann. Geben Sie allen eine konkrete Aufgabe oder ein Projekt, mit

dem sie wahrscheinlich jeweils erfolgreich sein werden, und sorgen Sie dafür, dass es ein Erfolg ist, auf den die betreffende Person stolz sein kann.

3. Unerfülltes Bedürfnis: Kooperation mit anderen

Emotionen: Eifersucht; Groll; Unzufriedenheit; Selbstsucht
Ihre Strategie: Identifizieren Sie eine Emotion, die alle teilen (Stolz; Selbstwert; Befriedigung, sein Bestes gegeben oder eine schwierige Aufgabe bewältigt zu haben), und holen Sie sich von allen Beteiligten die Bestätigung für diese Emotion ab. Lassen Sie nicht locker, bis sich alle einig sind. Bringen Sie das Thema der Unzufriedenheit ohne Schuldzuweisungen zur Sprache. Nennen Sie gute Gründe, warum alle etwas davon haben, wenn die Gruppe kooperiert. Seien Sie geduldig, aber auch bereit, chronische Nörgler und Abtrünnige aus der Gruppe zu entfernen. Bringen Sie Kontrahenten unter Ausschluss der Öffentlichkeit, also separat, zusammen, um Differenzen zu beseitigen bzw. zu mindern. Geben Sie deutliches negatives Feedback, falls Kontroversen öffentlich ausgetragen werden.

4. Unerfülltes Bedürfnis: Zuwendung und Zugehörigkeit

Emotionen: Einsamkeit; Isolation; sich missverstanden und unbeachtet fühlen
Ihre Strategie: Zeigen Sie, dass Ihnen jeder in der Gruppe wichtig ist. Sofern sich einer ausgeschlossen fühlt, leidet die ganze Mannschaft, aber das sollten Sie nicht öffentlich ansprechen. Setzen Sie sich mit dem Betroffenen zusammen und hören Sie sich an, was er zu sagen hat. Bleiben Sie in Kontakt mit ihm, bis er wieder Teil der Gruppe ist. Respektieren Sie jedermanns Recht auf Privatsphäre, aber machen Sie deutlich, dass sich jeder zu beteiligen hat. Seien Sie geduldig. Natürlich wird sich nicht jeder gleichermaßen einbringen. Achten Sie auf die Mauerblümchen, fragen Sie sie nach ihrer Meinung und wie es ihnen geht. Beziehen Sie sie ein, ohne sie bloßzustellen. Statt zu sagen:»Herr Meier, wollen Sie

jetzt vielleicht auch mal mitmachen?«, oder: »Es wäre schön, wenn Sie auch mal eine Idee äußern würden, Frau Schmidt«, formulieren Sie Ihre Sätze lieber offen, zum Beispiel: »Wie geht es Ihnen damit, Herr Meier?«, oder: »Ich würde jetzt gerne mal von jedem ein paar Gedanken dazu hören. Frau Schmidt, was meinen Sie?«

5. Unerfülltes Bedürfnis: Kreativität, Wachstum

Emotionen: Stagnation; Langeweile; Hemmung; in der Tretmühle stecken
Ihre Strategie: Sprechen Sie offen an, dass ein frischer Wind nötig ist. Schaffen Sie Zeit für »Blue-Sky«-Sessions, in denen jeder seiner Vorstellungskraft freien Lauf lassen kann. Machen Sie deutlich, dass gute neue Ideen belohnt werden. Bremsen Sie niemals Anzeichen von Kreativität und Fantasie. Verweisen Sie nicht auf Hindernisse, Budgetbegrenzungen oder Praktikabilität. Tun Sie Überraschendes, das ein Lächeln hervorruft. Sagen Sie: »Bringen Sie mich zum Staunen«, und stehen Sie dazu – jeder sollte sich erproben und dabei sicher fühlen dürfen.

6. Unerfülltes Bedürfnis: Orientierung an Grundwerten

Emotionen: Schuld; Leere; Ratlosigkeit; Ziellosigkeit
Ihre Strategie: Sprechen Sie die Gruppe auf der Herzensebene an. Inspirieren Sie sie von Ihrer Seele her. Berichten Sie von persönlichen Gipfelerlebnissen. Bitten Sie andere, dasselbe zu tun. Verletzen Sie anderer Leute Werte nicht und seien Sie in Bezug auf Ihre eigenen nicht selbstgerecht. Richten Sie Ihre Aufmerksamkeit auf das grenzenlose Potenzial jedes Einzelnen. Setzen Sie Ihre höchsten Werte um: Mitgefühl, Liebe, Loyalität, Ehrlichkeit und Integrität. Seien Sie ein Vorbild. Wenn es passt, können Sie ab und zu um einen Moment der Stille, der Meditation oder des Gebets bitten. Scheuen Sie sich nicht vor andächtigen Augenblicken. Seien Sie immer geradeheraus. Würdigen Sie in jedem die ursprüngliche Unschuld.

7. Unerfülltes Bedürfnis: Spirituelle Erfüllung

Emotionen: Sehnsucht; Suche; ein Verlangen nach mehr im Leben

Ihre Strategie: Das Wort »Strategie« ist hier nicht ganz angemessen. Sie sind da, um Licht zu verbreiten, und Sie tun das, indem Sie Licht sind. Sie verstehen und akzeptieren alle gleichermaßen. Sie haben in jeder Lebenslage Mitgefühl. Auf dieser Ebene können Sie einfach durch Ihr Sein etwas bewirken. Wenn Sie Ihre Seele gefunden haben, Ihre Quelle reinen Bewusstseins, werden die Menschen das spüren und Sie können sie seelisch ohne die geringste Mühe nähren. Die anderen spüren durch Sie, dass innerer Frieden und absolute Sicherheit möglich sind.

Eine Rose kann ein Leben verändern

Ich möchte Ihnen eine Geschichte über die Macht emotionaler Bindungen erzählen. Als Kind wuchs ich in Indien auf. Mein Vater war Armeearzt in Jabalpur, einer großen Stadt etwa in der Landesmitte.

In jenem Jahr versetzte die Nachricht, dass der indische Premierminister Jawaharlal Nehru zu Besuch kommen sollte, die ganze Stadt in hellen Aufruhr. 1947, wenige Monate nach meiner Geburt, war Indien eine unabhängige Nation geworden, und als ihr erster gewählter Anführer war Nehru für das Volk so etwas wie ein Vater und Heiliger.

Als sich dann am festgesetzten Tag Nehrus Autokolonne der Stadt näherte, ging eine Welle der Erregung durch die Straßen, als käme Gandhi selbst vorbei, und tatsächlich hatte Nehru Gandhis Erbe angetreten. Ich erinnere mich, dass unsere Nachbarn auf Laternenpfähle kletterten, um einen Blick auf Nehrus Wagen zu erhaschen, und die Bäume entlang den Straßen ächzten unter dem Gewicht der Jungen, die in ihren Ästen hingen. Meine Mutter hatte ihren besten Sari angezogen, und egal an wen sie sich wendete – an das Dienstmädchen, ihre beste Freundin oder die

Ehefrau des Krankenhausdirektors –, sie sprach über nichts anderes als Nehru.

Die Kolonne wand sich durch die Straßen und zog direkt vor unserem Haus vorüber. Und dort geschah etwas höchst Erstaunliches: Meine Mutter hatte es geschafft, sich einen Platz in der ersten Reihe zu ergattern. Wie sie uns vorher schon anvertraut hatte, war sie sich ganz sicher, dass Nehru sie unter den Zehntausenden von Passanten bemerken würde, und sie blieb unerschütterlich dabei, sosehr wir sie auch damit aufzogen. Und als es dann so weit war, fiel tatsächlich Nehrus Blick auf sie! Er hielt einen Moment lang inne, griff dann nach der Rose, die er immer am Revers trug, und warf sie ihr zu. Und trotz der wogenden Menge fing meine Mutter sie auf. Als die Parade vorüber war, trug sie sie ins Haus und stellte sie in ihre beste Vase.

Den ganzen Nachmittag lang gingen die Leute bei uns ein und aus, um die Rose zu bewundern. Es war eine einfache Rose, wie man sie an jeder Straßenecke für ein paar Rupien kaufen kann. Aber weil Nehru sie eigenhändig geworfen hatte, umwehte sie etwas Mythisches. Und meine Mutter ebenfalls, weil sie sie gefangen hatte. Leute, die ihr sonst jeden Tag begegneten, senkten jetzt in ihrer Gegenwart die Stimme und betrachteten sie mit Ehrfurcht. Und selbst ich bemerkte, dass ihre kurze Berührung mit etwas Großem ihr ein neues Selbstwertgefühl gegeben hatte. Am Ende des Tages wurde die Rose sorgsam wie eine Reliquie verwahrt, um sie der Nachwelt zu erhalten.

Stellen Sie sich vor, Sie könnten diese Art von Liebe und Loyalität hervorrufen. Erfolgreiche Visionäre tun das.

Politische Größe ist nur wenigen beschieden, aber den meisten bieten sich auch an ihrem Arbeitsplatz Führungsmöglichkeiten, und häufig mangelt es dort an emotionaler Intelligenz. Wie eine umfassende Studie des Meinungsforschungsinstituts Gallup über die Zufriedenheit am Arbeitsplatz ergab, geht es an den meisten Arbeitsplätzen sehr unpersönlich zu. Nur 17 Prozent der Arbeitnehmer meinten, dass ihre Vorgesetzten sich um eine gute Beziehung zu ihnen bemühten. Man muss kein herausragender Staatsmann sein, um an dieser Situation etwas zu ändern!

Spirituelle Intelligenz

Bei den letzten beiden Bedürfnissen – denen nach höherer Orientierung und spiritueller Erfüllung – bewegen wir uns jenseits von emotionaler Intelligenz. Auf dieser tieferen Ebene befinden wir uns im Bereich der spirituellen Intelligenz, wo wir mit Liebe, Mitgefühl, Freude und innerem Frieden in Kontakt kommen. Diese Werte sind überpersönlich, sie sind der gesamten Menschheit zu eigen. Spirituelle Intelligenz bezieht sich nicht auf eine bestimmte Situation. Sie richtet sich darauf, im Alltag das Heilige zu erkennen. Wenn Sie mit Ihrer eigenen Seele in Verbindung sind, strahlen Sie Liebe, Freude und Gelassenheit aus.

Bei spiritueller Intelligenz geht es nicht darum, bestimmte Fertigkeiten zu erwerben, sondern zu entdecken, wer Sie auf der Seelenebene sind. Wir sind alle bewusst; wir alle wissen, wie es ist, inneren Frieden, Stille, Vertrauen und Freude zu erleben. Woher kommen diese Erfahrungen? Wenn Sie aus dem Kern unseres Seins stammen, aus der Seele, dann ist es nur natürlich, dahin zu streben und sie erfahren zu wollen.

Auf einer tieferen Ebene als jener der alltäglichen Gedanken zu erkunden, wer Sie sind – das ist die wahre Definition von Meditation. Für den Anfang reicht es, eine einfache Meditation wie die folgende zu praktizieren.

Atem-Meditation

Nehmen Sie sich morgens und abends zwanzig Minuten Zeit, um sich allein an einen stillen Platz zurückzuziehen, ohne unterbrochen oder gestört zu werden. Schalten Sie das Telefon ab. Schließen Sie die Augen und tun Sie fünf Minuten lang gar nichts, sodass ihr Atem auf natürliche Weise zur Ruhe kommen kann.

Beobachten Sie, wie Ihre Gedanken vor sich hin plappern, aber gehen Sie nicht darauf ein. Lassen Sie alle Gedanken und Gefühle einfach sein, was sie sind.

Richten Sie nun Ihre Aufmerksamkeit auf die Mitte Ihrer Brust. Verfolgen Sie, wie Ihr Atem ein- und ausströmt. Spüren Sie jedes Ausatmen, als ob Sie den Atem aus Ihrem gesamten Körper entweichen lassen. Zwingen Sie Ihren Atem nicht in ein künstliches Tempo, weder langsamer noch schneller. Versuchen Sie weder flach noch tief zu atmen, sondern richten Sie einfach Ihre Aufmerksamkeit darauf, Ihren Atem immer feiner fließen zu lassen. Meditieren Sie auf diese Weise etwa eine Viertelstunde lang. Es macht nichts, wenn Sie dabei einschlafen; das bedeutet nur, dass Sie sich erst noch etwas ausruhen müssen, bevor Sie meditieren können. Nehmen Sie sich am Ende eine Minute lang Zeit, um aus dem meditativen Zustand wieder herauszukommen. Werden Sie nicht gleich wieder aktiv.

Indem Sie sich diese einfache Übung zur Gewohnheit machen, bringen Sie Ihre spirituelle Intelligenz einen großen Schritt vorwärts. Wenn Sie jeden Tag meditieren, kann Ihre Seele in Ihr tägliches Leben fließen. Je mehr das geschieht, desto mehr Veränderungen werden Sie bemerken, zum Beispiel:

- Unerwartete Augenblicke der Freude
- Ein Gefühl des Friedens mitten im Tun
- Die Fähigkeit, sich selbst klar zu erkennen
- Mehr Gründe, andere wertzuschätzen; weniger Gründe, zu kritisieren
- Weniger Bedürfnis nach Kontrolle
- Mehr Vertrauen darauf, dass die richtigen Antworten auftauchen werden
- Eine Bereitschaft, mit dem Fluss zu gehen
- Ein tiefes Gefühl der Zugehörigkeit

Wenn Sie erst einmal solche Erfahrungen machen, können Sie sie auch mühelos und auf natürliche Weise auf Ihre Umwelt übertragen. Es wird Ihnen klar werden, dass alles, was in Ihnen ist, auch in jedem anderen sein muss. Auf der Seelenebene haben wir alle dieselben Eigenschaften. Spirituell intelligente Führungspersonen beziehen sich auf diese Qualitäten, auch wenn sie gerade nicht offensichtlich sind. Sie geben jedem Menschen den Raum, sich zu ändern. Man könnte das auch eine Haltung der »stillen Zuwendung« nennen. Auf dieser Stufe steht die Führungsperson über der jeweiligen Situation; sie hat ganz die Rolle angenommen, auf die es vor allem ankommt: die Seele der Gruppe zu sein.

Wenn emotionale Intelligenz und spirituelle Intelligenz zusammenfließen, wird der Mensch transformiert. Solch eine Führungsperson verkörpert das, was in den Weisheitstraditionen »das Licht« genannt wird. Das Licht bringt Liebe und Mitgefühl hervor, selbst wenn äußerlich nicht erkennbar ist, dass die Person von der Seele her handelt. Die unsichtbaren Kräfte des Seins – das reine Bewusstsein, das aller Existenz zugrunde liegt – offenbaren sich als etwas Reales. Was vorher Mühe war, ist jetzt leicht. Aus Konflikten wird Vertrauen darauf, dass sich das bestmögliche Ergebnis manifestieren wird. Ihre leisesten Wünsche werden vom Universum gefördert und manifestiert werden. Jede Handlung ist Teil des Lebensflusses. Bereits am ersten Tag, an dem Sie meditieren, eröffnen Sie sich einen Weg zum Licht. Sie bitten Ihre Seele um mehr Bewusstheit, und Ihr Wunsch wird sich erfüllen. Die Seele ist nichts als Licht, doch das ist nur eine Metapher – die wahre Substanz der Seele ist Bewusstheit.

Bewusstheit ist grenzenlos. Die emotionalen Bindungen, die Sie mit einer Person eingehen, sind aus Licht. Auf der Seelenebene sind Sie bereits vereint. Ihre Aufgabe als Führungsperson besteht darin, anderen diese Erkenntnis nahezubringen.

Die Lehren emotionaler Bindung

🔹 Von der Seele her führen bedeutet, sich mit anderen so zu verbinden, dass sie an Ihrer Vision teilhaben und sich vom gemeinsamen Erfolg erfüllen lassen wollen.

🦎 Wenn Sie den Wert von emotionaler Intelligenz erst einmal zu schätzen gelernt haben, können Sie lernen, was Menschen verbindet. Dazu müssen Sie Beziehungen eingehen und sich einlassen.

🦎 Wenn Sie mit Seele führen, bemerken Sie in jeder Situation die verborgenen Emotionen und wissen, wie sie zu heilen sind. Sie leben in der Gewissheit, dass wir auf der Seelenebene bereits alle miteinander verbunden sind.

WAS KÖNNEN SIE HEUTE TUN?

Emotionale Intelligenz wächst durch Wahrnehmung. Schauen Sie sich in Ihrer gegenwärtigen Situation um (bei Ihrer Arbeit, in Ihrer Familie, in Ihrem sozialen Umfeld) und betrachten Sie die Gefühlsebene. Ihr Herz wird Ihnen sagen, wann andere Menschen emotional zu Ihnen auf Distanz gehen. Sie merken das an einer versteckten oder offensichtlichen Anspannung; die anderen lachen nicht mit Ihnen und schauen Ihnen nicht in die Augen. Sie scheinen ungern in Ihrer Nähe zu sein und an Ihrem Erfolg teilzuhaben. Wie können Sie solch eine Distanz in eine Verbindung verwandeln?

Heute besteht Ihre Aufgabe darin, dort wo der emotionale Ton in Ihrem Leben nicht funktioniert, etwas zu verändern. Betrachten Sie die folgende Liste von Verhaltensweisen. Wählen Sie eine aus, die Sie heute anwenden wollen, und probieren Sie im Laufe des nächsten Monats auf diese Weise jede dieser zehn Verhaltensweisen mindestens ein Mal aus.

Zehn Verhaltensweisen, um emotionale Distanz zu überwinden

1. Beachten Sie die Stärken oder Begabungen des anderen und weisen Sie ihn darauf hin.
2. Machen Sie der Person ein Kompliment, inwiefern sie sich verbessert hat.
3. Loben Sie, ohne zu erwarten, auch gelobt zu werden.
4. Gehen Sie auf die Wünsche des anderen ein, wenn es sich in Ihrem Herzen richtig anfühlt.
5. Ziehen Sie sich zurück, wenn die Atmosphäre zu angespannt wird, aber kehren Sie dann in einer versöhnlichen Haltung zurück.
6. Übernehmen Sie die Verantwortung für Ihre Gefühle. Es sind Ihre eigenen. Und akzeptieren Sie, dass die Gefühle der anderen deren eigene Gefühle sind.
7. Sprechen Sie keine empfindlichen Punkte an, die jemand anderen beschämen könnten (vor allem nicht vor anderen oder vor der ganzen Gruppe).
8. Sprechen Sie persönliche Themen nur an, wenn Sie in einer guten emotionalen Verfassung sind, und vergewissern Sie sich, dass die andere Person es auch ist.
9. Meiden Sie abgedroschene Rituale. Wenn Sie jeden Tag dieselben Antworten geben, ist das ein Ritual und keine echte Antwort. Sagen Sie etwas Neues und zeigen Sie auf eine neue Art Ihre Anteilnahme.
10. Finden Sie jeden Tag etwas, das Sie dem anderen vergeben. Sagen Sie ihm nicht, worum es sich handelt; vergeben Sie einfach und lassen Sie es los.

Wenden Sie diese Verhaltensweisen täglich an, wenn Sie aus einer emotionalen Distanziertheit eine Verbindung machen wollen. Seien Sie dabei mit sich selbst und dem anderen nachsichtig. Bleiben Sie aufrichtig und übertreiben Sie es nicht. Und vor allem:

Tun Sie es nicht, um recht zu haben oder um zu beweisen, dass Sie jemanden für sich einnehmen können. Ihr Ziel sollte objektiverer Art sein. Es geht darum, emotionale Intelligenz zu entwickeln, um über Ihre ungesunden alten Muster hinauszuwachsen. Emotionale Beziehungen wertzuschätzen bedeutet, sich selbst und jemanden, der Ihnen wichtig ist, aus der Kälte ins Warme zu bringen, selbst wenn Ihnen kein direkter Nutzen daraus erwächst.

Aus emotionaler Sicht gibt es nur drei Arten schwieriger zwischenmenschlicher Situationen: jene, die Sie lösen können; jene, die Sie ertragen können; und jene, von denen Sie sich distanzieren müssen. Als Führungsperson ist es Ihre Pflicht, so viele Situationen wie möglich zu lösen. Die meisten Menschen ertragen zu viel, und wenn die Frustration dann unerträglich wird, ergreifen sie die Flucht. Mithilfe emotionaler Intelligenz und einem geschickten Umgang mit Emotionen können Sie Situationen jedoch bereinigen. Wenn Sie den Abgrund überbrücken können, der die Menschen voneinander trennt, beweisen Sie, dass auch die emotionale Seite des Lebens fruchtbar sein kann. Das Überwinden von Angst und innerem Widerstand führt zu gemeinsamer Freude.

A = Awareness – Bewusstheit

Alle Möglichkeiten haben ihren Ursprung in Bewusstheit. Alles, was Sie tun wollen, alles, was Sie sein wollen, beginnt damit. Als erfolgreicher Visionär müssen Sie so bewusst wie möglich sein. In jedem Augenblick führen viele Wege weiter. Wenn Sie bewusst sind, wissen Sie, welcher der richtige ist.

Die Bewusstheit des Führenden wirkt auf alle um ihn herum. Die Menschen, die Sie führen und denen Sie dienen, sind von Ihrem Verständnis der Situation abhängig. Sie müssen nach innen lauschen, um die richtige Antwort zu finden. Und dazu müssen Sie zunächst jedes Bedürfnis in sich selbst erfüllt haben.

Bewusstheit bringt Licht in jede Situation. Mit Bewusstheit können Sie alles verändern. Wenn Ihr Bewusstsein eingeschränkt ist, wird auch alles andere eingeschränkt sein. Mit einem erweiterten Bewusstsein erweitert sich auch alles andere. Viele alte Weisheitstraditionen lehren: »Erkenne das Eine, durch welches alles erkannt wird.« Dieses Eine ist das Bewusstsein. Nichts hat größere Transformationskraft.

Bewusstheit ist der Ursprungsort aller Möglichkeiten. Alles, was Sie erreichen wollen, beginnt damit. Wenn eine neue Idee auftaucht, muss sie Kraft und Einfluss gewinnen. Andere Menschen müssen sie unterstützen wollen. Die Mittel zur Realisierung müssen verfügbar werden. All diese Dinge hängen von Ihrer Bewusstheit ab, denn vom Augenblick der neuen Idee an gibt es viele Wege in die Zukunft. Tief in Ihnen zeigt sich der richtige. Erfolgreiche Visionäre schauen jeden Tag nach innen, um den nächsten Schritt dieses Wegs zu erkennen. Sie wissen, dass Erfolg eine dynamische, sich entwickelnde Reise ist. Bewusstheit und Denken sind nicht dasselbe. Die Welt ist so komplex, dass der Verstand nicht alle Möglichkeiten einer Situation analysieren kann. Instinktiv wissen wir das. Deswegen verwenden wir unsere Vernunft und Logik nicht so, wie wir meinen. Wir treffen intuitive Entscheidungen, und hinterher versuchen wir, diese logisch und vernünftig zu begründen. Das soll keineswegs den Nutzen der Logik herabwürdigen. Doch wir nutzen sehr viel mehr unseres Bewusstseins, als uns klar ist. Wie die Gehirnforschung zeigt, werden selbst bei den einfachsten Entscheidungen viele Gehirnzentren einbezogen, vor allem die emotionalen Bereiche. Wenn Sie sich ein Bündel Bananen im Supermarkt anschauen oder einen Wollschal im Kaufhaus oder einen Gebrauchtwagen beim Autohändler, überschlagen Sie innerlich, was ein fairer Preis dafür wäre. Sie treffen eine blitzschnelle Entscheidung, ohne sich dessen bewusst zu sein, was in Ihrem Gehirn passiert. Der eine Käufer hält es möglicherweise für angemessen, 2,50 Euro für ein Kilo Bio-Bananen zu bezahlen, während der andere sie für den Preis nicht mitnimmt. Wenn sie befragt würden, würden beide sicherlich Gründe nennen, aber in dem Moment, wo die Entscheidung fällt, spielen viele Einflüsse eine Rolle. Es würde lange dauern, das alles in Worte zu fassen, selbst ohne das jeweilige Für und Wider gegeneinander abzuwägen.

Auch als Führungskraft müssen Sie viele Ihrer Gehirnzentren in Ihre Entscheidungen einbeziehen. Die meisten Führungskräfte-Trainings halten das Gegenteil für wahr; ihrer Meinung nach spielen Vernunft und Logik die Hauptrolle, werden 90 Prozent unserer Entscheidungen aufgrund von Analysen getroffen. Doch bei unseren Entscheidungen läuft sehr viel mehr ab, wie die Verhaltensforschung zeigt.

In einem Experiment betrachteten die Probanden Fotos mit starken, emotional positiven und negativen Inhalten (ein neugeborenes Kind, eine Hochzeit, ein Zugunglück, ein Schlachtfeld), während ihre Gehirnaktivitäten überwacht wurden. Danach wurden sie befragt, wie viel sie bereit wären, für einfache Haushalts-gegenstände auszugeben. Diese Personen waren durchweg bereit, mehr auszugeben, als Leute, die vorher nicht emotional stimuliert wurden, und zwar unabhängig davon, ob positive oder negative Gefühle ausgelöst wurden. Wenn sie sich glücklicher fühlten, waren sie bereit, drei bis vier Mal mehr auszugeben als norma-lerweise – und wenn sie sich niedergeschlagen fühlten, genauso. Doch etwas anderes war noch beeindruckender: Die Teilnehmer waren unfähig, diesen Einfluss der Emotionen auf ihre Entschei-dungen auszuschließen, sosehr sie es auch versuchten. Die Vorstel-lung völlig rationaler Entscheidungen ist also eine Illusion.

Vermutlich ist das auch gut so, denn wenn Sie sich nur auf Ihre Vernunft und Logik verlassen könnten, würden Sie sich der Kraft Ihrer Bewusstheit berauben. In den großen spirituellen Traditio-nen der Welt gilt Bewusstsein als ein Attribut Gottes und daher als unendlich und allgegenwärtig. Das Göttliche sieht und weiß alles. Deswegen heißt es bei den Weisen der Veden: »Erkenne das Eine, durch welches alles erkannt wird.« Sie meinen das Bewusst-sein. Doch auch rein wissenschaftlich betrachtet zeigt sich durch Studien der Gehirnforschung wie die oben genannte, dass das Bewusstsein etwas enorm Großes und Weites ist und noch weit-gehend ungenutzt ist. Unser denkender Verstand ist nur die Spitze des Eisbergs.

Die sieben Eigenschaften der Bewusstheit

Sie können zwar immer nur an eine Sache denken, nicht an meh-rere Dinge gleichzeitig, aber Ihr Bewusstsein funktioniert im Stil-len auf vielen Ebenen. Führende machen sich das zunutze, indem sie diese verborgenen Ebenen ansprechen. Bewusstheit vermit-telt die folgenden persönlichen Eigenschaften, in aufsteigender Reihenfolge:

Zentriertheit
Selbstmotivation

Kohärenz
Intuition/Einsicht
Kreativität
Inspiration
Transzendenz

Wie Sie vielleicht merken, passen diese sieben Eigenschaften zu den sieben Bedürfnissen, die eine Führungsperson erfüllen muss. Die besten Führungskräfte sind in der Hierarchie der Bedürfnisse ihrem Team immer einen Schritt voraus. Wenn die Gruppe anfängt, sich sicher zu fühlen, denken die Führenden bereits an Leistung. Wenn das Team anfängt, sich über Erfolge zu freuen, denken Führende über Teamentwicklung nach und so weiter. Die »Größten« unter den Führenden sind auf alle sieben Ebenen eingestimmt und damit auf jede Situation vorbereitet. Wollen Sie mit Seele führen, müssen Sie in allen sieben Bereichen des Bewusstseins eigene Erfahrungen gemacht haben.

Zentriertheit: Wer bewusst ist, ruht in sich selbst und braucht keine äußere Unterstützung. Wenn Sie mit dieser Qualität im Einklang sind, kann Sie keine Krise erschüttern. Um Sie herum mögen sich die Leute unsicher und verunsichert fühlen, doch Sie bleiben zentriert. Wenn Not am Mann ist, können Sie die Ängstlichkeit der anderen auffangen und sie mit ihren eigenen besten Seiten in Kontakt bringen.

Selbstmotivation: Bewusstheit führt zu Selbstgenügsamkeit, das heißt, man ist fähig, alles, was man braucht, in sich selbst zu finden. Die innere Quelle der Bewusstheit bringt ganz natürlich Selbstvertrauen und Energie hervor, und zwar ohne Grenzen. Sind Sie mit dieser Qualität von Bewusstheit verbunden, zweifeln Sie nicht an der Möglichkeit des Erfolgs. Wo andere Gefahren wittern, sehen Sie die Chancen. Diese Fähigkeit, einen Weg zum Erfolg zu finden, macht Sie dort als Führungskraft geeignet, wo es vor allem um Leistung geht.

Kohärenz: Bewusstheit ist geordnet und selbstorganisiert. Aus dem Strom roher Eindrücke, die die fünf Sinne einsammeln, bildet sie ein kohärentes Weltbild. Damit können Sie andere inspirieren, sich um Ihre Vision zu versammeln: vielleicht ein neues Jugendzentrum aufzubauen, Ihre Abteilung neu zu strukturieren oder Kinder im Krankenhaus aufzumuntern. Statt auf die Verwirrung und die Konflikte schauen Sie auf das allen gemeinsame Ziel. Mit dieser Fähigkeit bringen Sie Menschen zusammen, die Ihre Idee unterstützen.

Intuition, Einsicht: Bewusstheit beobachtet ständig. Sie beobachtet, wie Sie gerade diese Worte lesen. Doch im Gegensatz zu Ihrem gewöhnlichen Gedankenstrom ist diese Wahrnehmung nicht von Ihrer persönlichen Voreingenommenheit geprägt: Sie schaut auf die Realität, nicht auf die Illusionen. Wenn Sie bewusst sind, verstehen Sie eine Situation unmittelbar, ohne viel darüber nachzudenken. Einsichten entstehen spontan. Sie können gut mit Menschen umgehen, weil Sie verstehen, was sie brauchen – manchmal vielleicht sogar besser als sie selbst. Diese Qualität macht Sie überall dort zur geeigneten Führungsperson, wo es darum geht, dass sich jeder verstanden und gehört fühlt.

Kreativität: In der Bewusstheit begegnen sich das Unbekannte und das Bekannte. Aus vagen Möglichkeiten macht sie neue Wirklichkeiten. Wenn Sie bewusst sind, macht Ihnen Ungewissheit nichts aus – sie beflügelt Sie eher, denn, wie Sie wissen, gehört Unvorhersehbarkeit zum eigentlichen Sein. Sie ist die Essenz jeder Innovation, und Sie lieben es, neue Herangehensweisen zu erkunden und zu entdecken. Wenn Sie bewusst sind, können Sie andere führen, indem Sie sie ermutigen, über das Altbekannte hinauszuschauen, und Sie vermitteln ihnen die freudige Erregung, die entsteht, wenn alte, überholte Perspektiven ersetzt werden.

Inspiration: Bewusstheit wurzelt in Liebe, Mitgefühl, Glauben und Tugend. Wie viele große Weisheitstraditionen lehren, geht alles, was es gibt, aus einem endlosen Ozean des Bewusstseins hervor –

auch diese fundamentalen menschlichen Qualitäten. Wir mögen sie manchmal aus den Augen verlieren, dennoch sie sind vorhanden. Niemand musste Liebe und Mitgefühl erfinden: Sie sind aus diesem Ozean des Bewusstseins hervorgegangen. Wenn Sie bewusst sind, können Sie andere inspirieren. Sie können ihnen helfen, ihr besseres Selbst zu erkennen, und sie damit auf eine höhere Stufe bringen. Wenn sich die Menschen nach persönlicher Transformation und Erlösung sehnen, sind Sie zur Stelle, um etwas zu bewegen.

Transzendenz: Bewusstheit hat letztlich keine Grenzen. Sie existiert in dieser Welt, aber sie erstreckt sich weit über sie hinaus. Alle großen Weisheitstraditionen berichten von einer höheren Wirklichkeit, die unbeschreiblich ist, aber erfahren werden kann. Das ist das größte Wunder und Anlass für höchstes Staunen und Ehrfurcht. Die alten indischen Weisen erklären: »Dies ist kein Wissen, das du erlernst. Dies ist Wissen, zu dem du wirst.« Wenn Sie diese Erkenntnis ganz begreifen, wissen Sie, was Transzendenz bedeutet. Sie brauchen nirgends hinzureisen – die gesamte Wirklichkeit existiert in Ihnen. Sie sind ein Beispiel für Ganzheit, weil Sie mit allem und allen verbunden sind. Sie existieren, um zu zeigen, dass Menschen das Unendliche erreichen können, und indem Sie sind, wer Sie sind, helfen Sie anderen, auch in diesen Zustand zu kommen.

Das Gruppenbewusstsein anheben

Als Führungskraft versuchen Sie, das Bewusstsein Ihres Teams von seinem jetzigen Niveau auf das nächsthöhere der Hierarchie anzuheben. Dieser Prozess ist kumulativ, das heißt, Sie können immer nur auf dem vorigen Niveau aufbauen. Es ist also gut, am Anfang zu beginnen. Setzen Sie nichts voraus. Sie können die sieben Eigenschaften des Bewusstseins wie folgt entfalten:

Zentriertheit: Dieser stille Aspekt des Bewusstseins vermittelt eine starke Selbstsicherheit. Auf dieser Ebene fühlen sich alle in der Gruppe sicher.

⚜ Übung:
Eine der einfachsten Zentrierungsübungen nutzt das Körperbe-
wusstsein. Bitten Sie die Gruppenmitglieder, still zu sitzen und
sich einen Augenblick lang Zeit zu nehmen, ihren Körper zu
spüren, körperlich präsent und entspannt zu sein und sich dann
bewusst zu machen, in welchen Bereichen sie sich wohlfühlen und
in welchen eher unwohl.

Eine Variation dieser Grundtechnik besteht darin, sich still
hinzusetzen und sich seiner Atmung bewusst zu werden. Fordern
Sie die Gruppe auf, sanft und entspannt darauf zu achten, wie der
Atem ein- und ausströmt. Alternativ kann die Aufmerksamkeit
auf das Herz gelenkt werden: Die Gruppenmitglieder setzen sich
still hin und richten die Aufmerksamkeit sanft auf den Bereich
unter dem Brustbein. Es geht dabei nicht darum, den Herzschlag
wahrzunehmen, sondern sich mit dem Herzen als dem Zentrum
der Emotionen zu verbinden. Was auch immer an Gefühlen und
Empfindungen auftaucht, darf da sein. Wenn Sie sich scheuen,
eine Gruppe zu solch einer Übung anzuleiten, können Sie diese
Übungen auch jeweils unter vier Augen weitergeben. Es gibt kaum
eine Gruppe, der diese Techniken zur Zentrierung nicht guttun,
und darüber hinaus wirken sie stressmindernd.

Selbstmotivation: Dieser Aspekt des Bewusstseins inspiriert
Leistungsbereitschaft. Wenn eine Gruppe diese Ebene erreicht,
haben alle das Gefühl, gleiche Erfolgschancen zu haben.

⚜ Übung:
Machen Sie den Gruppenmitglieder klar: Wenn alle ihre jeweiligen Stärken einbringen können, ist die Gruppe am höchsten motiviert; dazu müssen diese Stärken erst einmal bekannt sein. Lassen
Sie Paare bilden und verteilen Sie Stifte und Papier. Jeder soll drei
Stärken aufschreiben, die er im anderen erkennt. Um den Prozess
in Gang zu bringen, können Sie ein paar Beispiele geben: »Meine
Partnerin ist gut darin, Ideen zu entwickeln, eine angenehme Atmosphäre zu verbreiten und etwas zu organisieren«, oder: »Mein Partner
ist produktiv, hält sich an Absprachen und kann gut verhandeln.«

Nach fünf Minuten tauschen die Partner die Listen aus und reden über die notierten Stärken. Falls es Zweifel oder Uneinigkeiten gibt, dürfen sie verändert werden. Fordern Sie die Paare dann auf, Aktionspläne zu entwerfen, wie sich diese Stärken fördern ließen. (Ein einfaches Muster wäre: »Um meine Stärke im ... besser zu nutzen, schlage ich Folgendes vor: ...«) Das Ziel besteht darin, jedem bewusst zu machen, was er am besten kann, und Ihre Absicht kundzutun, diese Stärke auch einzusetzen. Das ist ein sehr effektiver Weg der Motivationsförderung. Wenn jemand das Gefühl hat, dass seine Stärken anerkannt und genutzt werden, fördert das automatisch seine Leistungsbereitschaft.

Kohärenz: Dieser Aspekt des Bewusstseins überbrückt Differenzen. Gruppenkohärenz bedeutet: Alle ziehen am gleichen Strang und streben dieselben Ziele an.

Übung:
Zugegeben, es ist nicht leicht, aus einer zersplitterten Gruppe eine kooperative Gemeinschaft zu machen. Aber es ist auch nicht nötig, das sofort hinzukriegen. Bilden Sie in der Gruppe einfach Paare nach Belieben. Jedes Paar bildet eine Partnerschaft. Sie müssen nicht an denselben Aufgaben arbeiten, aber sie sollen miteinander über alles reden, sowohl über die positiven Dinge (z. B. welche Fortschritte gemacht wurden) als auch über die negativen (z. B. Frust oder Hindernisse, die dem Fortschritt im Wege stehen). So fungiert jeder für den anderen als Resonanzboden und Feedback-Quelle.

Es geht darum, eine Beziehung zwischen zwei Partnern herzustellen, die sich umeinander kümmern, einander helfen und sich austauschen. Bei ihrem ersten Treffen sollten die Paare miteinander eine Vereinbarung treffen, was ihnen die Partnerschaft bringen soll. Sie sollten sich möglichst einmal am Tag für ein paar Minuten treffen oder zumindest drei Mal die Woche. Am Ende der Woche versammelt sich die ganze Gruppe zu einem informellen mündlichen Austausch, wie es den einzelnen Paaren geht. Dann können Sie im Plenum zu einer allgemeinen Diskussion über die

Fortschritte hinsichtlich des gemeinsamen Ziels übergehen. Indem Sie Paare bilden, statt eine große Gruppe zusammenbringen zu wollen, schaffen Sie Verbindungen auf ganz persönlicher Ebene.

Intuition, Einsicht: Dieser Aspekt des Bewusstseins erzeugt Empathie. Erreicht ein Team dieses Niveau, fühlt sich jeder verstanden.

🌸 Übung:
Teilen Sie die Gruppe in Paare auf. Am besten sollten die Partner einander völlig fremd sein (zumindest keine engen Freunde). An einem ruhigen, etwas abgeschirmten Ort sagt jede Person der anderen etwas, was sie noch niemandem gesagt hat. Es geht hier nicht um intime, schuld- und schambeladene dunkle Geheimnisse, sondern mehr um Dinge, die einem durch den Sinn gehen und für deren Mitteilung es noch keine Gelegenheit gab. Der nächste Schritt besteht darin, miteinander über diese Offenlegung zu reden. Vielleicht bittet der eine den anderen bezüglich des aufgeworfenen Themas um Rat, aber das muss nicht sein. Es geht bei dieser Übung darum, gehört und verstanden zu werden.

Als Führungsperson scheuen Sie sich vielleicht davor, dazu einzuladen, Vertraulichkeiten auszutauschen. In diesem Fall können Sie jedes Paar auffordern, den folgenden Satz zu vervollständigen: »Ich möchte, dass andere von mir wissen, dass ...«, oder: »Andere sollten im Hinblick auf mich verstehen, dass ...« Höchstens ein extrem zurückhaltender Mensch hat damit noch Probleme.

Nach einer Woche können sich die Paare wieder treffen und darüber reden, ob sich jeder mehr verstanden fühlt.

Kreativität: Dieser Aspekt des Bewusstseins entwickelt neue Möglichkeiten für die Zukunft. Eine Gruppe, die diese Ebene erreicht, heißt das Neue willkommen.

Übung: Kreativität ist ein Aspekt persönlicher Freiheit. Finden Sie daher heraus, ob sich in Ihrem Team alle frei fühlen, Ihre Kreativität ungehindert zu entfalten. Verteilen Sie folgenden Fragebogen und bitten Sie darum, ihn ohne Namensnennung auszufüllen.

1. Teil: Dieser Fragebogen dient dazu, die Kreativität unseres Teams zu fördern. Bitte die folgenden Fragen durch Ankreuzen von Ja, Nein oder Neutral beantworten.

Ja Nein Neutral

☐ ☐ ☐ a) Die Regeln sind locker genug, dass ich Raum zum Atmen habe.

☐ ☐ ☐ b) Ich fühle mich geschätzt.

☐ ☐ ☐ c) Der Anpassungsdruck ist minimal.

☐ ☐ ☐ d) Die Dinge sind nicht zu stark organisiert.

☐ ☐ ☐ e) Die Leute haben hier Spaß.

☐ ☐ ☐ f) Die Verantwortlichen freuen sich über neue Ideen.

☐ ☐ ☐ g) Neue Ideen werden rasch nach oben weitergegeben.

☐ ☐ ☐ h) Risikobereitschaft wird belohnt.

☐ ☐ ☐ i) Ich kann mir meine Aufgaben frei wählen.

☐ ☐ ☐ j) Es gibt spielerische Freiräume.

☐ ☐ ☐ k) Ich habe Zeit, über die ich selbst bestimmen kann.

☐ ☐ ☐ l) Ich bewundere das, wofür die Gruppe steht.

2. Teil: Bitte aus dieser Liste eine Rangordnung von drei Dingen wählen, die es Ihnen/dir ermöglichen würden, kreativer zu sein.

1. _____
2. _____
3. _____

Sammeln Sie die Fragebogen wieder ein und listen Sie themenbezogen die Ja-, Nein- und Neutral-Antworten auf. Erfassen Sie auch, welche drei Themen im zweiten Teil am häufigsten genannt wurden. Händigen Sie die Ergebnisse beim nächsten Gruppentreffen aus und reden Sie darüber. Das wird Ihnen Aufschluss darüber geben, wie kreativ sich alle fühlen. Und Sie erhalten damit Anhaltspunkte, wo Veränderungen am wirkungsvollsten ansetzen könnten.

Inspiration: Dieser Aspekt des Bewusstseins führt zu inneren Veränderungen. Erreicht ein Team dieses Niveau, sind alle Mitglieder davon überzeugt, ihre wahre Berufung gefunden zu haben.

Übung:
Die anhaltendste Inspiration kommt von innen. Bitten Sie jede Person, ein Vorbild oder einen Archetyp zu finden, der sie wirklich inspiriert, und den Namen dieser Person aufzuschreiben. Das Ziel ist, den Betreffenden zu helfen, die Qualitäten dieses Vorbilds zu entwickeln. Das könnte zum Beispiel die Liebe sein, die Jesus verkörperte, das Mitgefühl Buddhas, die friedvolle Stärke Gandhis, die Weisheit von Athene, die Kraft von Wonder Woman. Jeder sollte die speziellen Eigenschaften aufschreiben, die für ihn an diesem Vorbild oder Archetyp so wertvoll sind. Und dann laden Sie alle dazu ein, diese Qualitäten mehr zu verkörpern.

Mein eigenes Inspirationsprogramm sieht folgendermaßen aus: Ich habe mir zu Hause einen Meditationsplatz eingerichtet, und dort umgebe ich mich mit Bildern meines Archetyps. (Genau genommen habe ich mehrere, darunter auch die hinduistische Gottheit Krishna.) Am Ende meiner täglichen Meditation öffne ich die Augen und schaue auf diese Bilder. Dabei konzentriere ich mich auf Krishnas Stärke, seine Liebe und seine allumfassende Weisheit. Im Stillen bitte ich darum, dass diese Qualitäten auch in mir zunehmen mögen. Da ich weiß, dass alle Archetypen Symbole von Bewusstsein sind, kann ich Krishna als Ausdruck bestimmter Aspekte meines eigenen Bewusstseins verwenden, die ich stärken möchte.

Diese Übung bezieht sich nicht direkt auf ein Projekt oder ein Gruppenziel. Aber wenn Ihre Gruppe diese Ebene erreicht hat, fällt es niemandem mehr schwer, zu seinem Bedürfnis nach höherer Führung zu stehen und Geschichten über sein persönliches Wachstum und seine verehrten Vorbilder auszutauschen. Auf diesem Niveau wird jeder Aspekt des Bewusstseins deutlicher, denn je näher Sie der Seelenebene kommen, desto mehr können Sie die unsichtbare Kraft der Bewusstheit nutzen.

Transzendenz: Dieser Aspekt des Bewusstseins bringt Befreiung. Wenn sich die Gruppe auf dieses Niveau erhebt, streben alle nach tiefster spiritueller Erkenntnis.

Übung:
Traditionellerweise wird Erleuchtung bzw. tiefste Erkenntnis durch spirituelle Disziplin gewonnen, meistens durch lange, tiefe Meditation. Es ist eine zutiefst individuelle Erfahrung. Es gibt jedoch drei Aspekte dieses spirituellen Weges, die sehr gut gemeinsam erlebt werden können:

Gemeinsames Dienen
Austauschen von Weisheit
Bilden einer geistigen Gemeinschaft

Diese drei Aspekte finden sich in jeder Weisheitstradition wieder und sind letztlich Ausdruck von ein und derselben Erkenntnis: Jeder von uns ist mehr als unser begrenzter Geist und Körper; wir sind Teil jenes unendlichen Bewusstseins, welches das Universum hervorbringt und regiert. Jede spirituelle Praxis zielt daher darauf ab, sich über das kleine, begrenzte Selbst hinaus zu erweitern.

Beim Dienen achten Sie andere als genauso wertvoll wie sich selbst und machen die Bedürfnisse der anderen zu ihren eigenen. Wenn Sie Weisheit austauschen – zum Beispiel, indem Sie die heiligen Schriften der Welt studieren –, zeigen Sie, dass Ihre wahre Loyalität der Seele gilt. Wenn Sie sich als eine geistige Gemeinschaft verstehen, erklären Sie, dass ein von der Seele her inspiriertes Leben die unterschiedlichsten Menschen vereinen kann. All das zusammen bewirkt, dass Sie sich einer höheren Existenzebene annähern, jener Ebene, die von den großen Heiligen und Weisen verkörpert wird. Sie zeigen die höchste Art, ein erfolgreicher Visionär zu sein.

Bewusstheit kann transformieren

Nichts hat mehr Transformationskraft als Bewusstheit. Wenn Sie in sich vollständig sind, werden Sie auch die schlimmsten Umstände nicht erschüttern. Vor einigen Jahren fuhr ich mit dem Schiff nach Robben Island, einer kleinen Insel vor der Küste Südafrikas bei Kapstadt. Die Brandung des Atlantiks donnert dort mit einer Wucht auf die Felsen dieser Insel, dass jedes Schiff, das dort auf Grund liefe, binnen Kurzem zerstört würde. In früheren Zeiten verfrachtete man die Leprakranken dorthin. Dann baute man auf Robben Island ein Gefängnis für politische Gefangene, zu denen schließlich auch Nelson Mandela zählte.

1964 wurde Mandela wegen seiner Beteiligung an verschiedenen Apartheid-Aktivitäten und wegen Sabotage verurteilt. Er hatte das Glück, nicht gehängt zu werden, und wurde zu lebenslanger Haft verurteilt. Besucher können heute die winzige Zelle mit dem Feldbett besichtigen, wo Mandela achtzehn Jahre seines Lebens verbrachte. Darüber hinaus standen in der Zelle nur noch ein kleiner Tisch und ein Eimer mit Deckel, der als Toilette diente.

Geht man heute über das Gefängnisgelände, das jetzt als Gedenkstätte der Freiheitsbewegung öffentlich zugänglich ist, spürt man immer noch die belastende Atmosphäre der Unterdrückung. Nelson Mandelas Alltag war erbärmlich. Als schwarzer politischer Häftling erhielt er das schlechteste Essen in allerkleinsten Rationen. In den ersten fünfzehn Jahren seiner Haft musste er auf dem Boden schlafen. Er arbeitete in einem Steinbruch und durfte nur alle sechs Monate einen Brief und einen Besuch erhalten.

Wie konnte aus so unmenschlichen Bedingungen so eine große Führungspersönlichkeit hervorgehen? Einfache Motivation reicht da nicht. Motivation beflügelt unseren Geist nur vorübergehend. Inspiration ist dauerhafter, und Mandelas Inspiration entstand aus dem bemerkenswerten Bewusstsein, das er während seiner Leidenszeit entwickelte. Er war als hitzköpfiger, gewaltbereiter Rebell ins Gefängnis gekommen und verließ es siebenundzwanzig Jahre später als ein verwandelter Mensch. Seine Absichten waren immer noch eindeutig, doch er hatte der Gewalt abgeschworen und seinen Hass und seine Bitterkeit transzendiert. Mit seinem erleuchteten Bewusstsein konnte er die Afrikanische Nationalkonferenz dazu bewegen, ihren Fokus von der Herrschaft der Schwarzen abzuwenden und sich auf die Entwicklung einer Nation zu konzentrieren, die alle Rassen einbezieht und niemandem Schaden zufügt.

Mandela gilt heute als der Vater eines freien Südafrikas, das ohne das Blutbad entstand, welches alle kommen sahen. Viele sehen in ihm eine Art modernen Heiligen. Doch die persönlichen Qualitäten, die er entwickelte, stammen aus einer Quelle, die uns allen zur Verfügung steht: der Bewusstheit. Es ist die Quelle aller Erkenntnisse, Inspiration und Transzendenz – alles Qualitäten, die sich entwickeln, wenn sich das Bewusstsein eines Menschen erweitert.

Sie stehen auch Ihnen zur Verfügung. Die Samen der inneren Größe wurden in Sie gelegt, als Sie Bewusstsein erlangten. Wenn Sie dem Weg nach innen folgen und Klarheit sowie Wahrheit als Orientierungspunkte nehmen, kann die äußere Welt nicht anders, als auf Ihre Absicht einzugehen. Wie genau das aussehen wird, ist nicht vorauszusehen, doch durch die Unterstützung, die Sie erfahren werden, beweist sich Ihnen immer wieder, dass Sie auf dem richtigen Weg sind.

Die Lektionen der Bewusstheit

Führen mit Seele bedeutet, sein Bewusstsein zu erweitern, um auf die Bedürfnisse der anderen einzugehen. Je bewusster Sie werden, desto mehr beginnen die unsichtbaren Kräfte, Ihre Vision zu unterstützen.

🌀 Bewusstsein hat seine eigenen, ihm innewohnenden Qualitäten. Wenn Sie diese in sich nähren, können Sie auch das Bewusstsein derer anheben, die Sie führen und denen Sie dienen.

🌀 Das letztendliche Ziel der Bewusstheit ist die Transformation. Jenseits aller spezifischen Ziele liegt das alles überragende Bedürfnis nach vollständiger Befreiung. Wenn Sie diesen Punkt erreichen, sind Sie und Ihre Vision eins geworden.

WAS KÖNNEN SIE HEUTE TUN?

Bewusstheit ist innerlich – Sie brauchen sie nicht außerhalb von sich zu suchen. Doch ein erweitertes Bewusstsein will kultiviert werden.

Sie können mit Ihrem Weg zu unbegrenzter Bewusstheit heute noch anfangen. Wie Sie gleich sehen werden, sind die Schritte ganz einfach. Sie brauchen auch nicht gleich das ganze Programm zu fahren. Kehren Sie einfach immer wieder zu diesem Abschnitt zurück, wenn Sie Orientierung brauchen. Wo auch immer Sie sich gerade befinden: Der Weg zu einem höheren Bewusstsein steht Ihnen immer offen.

Ihr Programm für die Erweiterung Ihrer Bewusstheit

🌀 Hören Sie auf zu kämpfen.
🌀 Hören Sie auf Ihre innere Stimme.
🌀 Meditieren Sie, um zum Kern Ihres Bewusstseins vorzudringen.
🌀 Erproben Sie Ihre Grenzen.
🌀 Bleiben Sie zentriert.
🌀 Prüfen Sie Ihre persönlichen Überzeugungen.
🌀 Sammeln Sie Informationen, nutzen Sie alle Quellen.
🌀 Lernen Sie, klare Absichten zu haben.
🌀 Schätzen Sie inneren Frieden.

Bewusstheit ist zwar unsichtbar, doch wenn Sie diesen Schritten folgen, wird der Lohn eines erweiterten Bewusstseins schnell erkennbar. Lassen Sie uns jeden dieser Schritte näher betrachten:

Hören Sie auf zu kämpfen: Im ersten Schritt geht es darum, zu erkennen, dass das Leben kein Kampf sein soll und Führen nicht bedeutet, hart im Einstecken und Austeilen zu sein. Sie können anderen vielmehr Möglichkeiten aufzeigen, in sich selbst Halt zu finden und Ergebnisse auf dem sanftesten, kürzesten und mühelosesten Weg zu erzielen. Doch Sie müssen diesen neuen Umgang mit Dingen selbst ausprobieren – den Weg der erweiterten Bewusstheit selbst gehen –, sonst verleihen Sie nur alten Überzeugungen einen neuen Anstrich.

Hören Sie auf Ihre innere Stimme: Sie können so erfahren mit Herausforderungen umgehen, wie Sie wollen – letztendlich wird jede Entscheidung innerlich geprüft. Egal wie Sie es nennen – dem Bauchgefühl folgen oder auf die leise innere Stimme hören –, der Prozess ist derselbe. Aber nicht jede innere Stimme ist gleichermaßen vertrauenswürdig. Als Führungsperson durchdringen Sie all die Ebenen von Meinungen aus zweiter Hand, Stress, Ängstlichkeit, Gruppendogmen und das ganze Durcheinander verschiedener Stimmungen und Konzepte von innen und außen, bis Sie bei der allerinnersten, leisesten Stimme ankommen und Sie wissen: Das ist die Stimme, auf die ich hören sollte. Fangen Sie heute noch an, diese Stimme in sich aufzuspüren.

Meditieren Sie, um zum Kern Ihres Bewusstseins vorzudringen: Die Praxis der Meditation hat enorme Auswirkungen auf die Bewusstheit. In Ihnen existiert eine Ebene des stillen Seins. Hier liegt die Quelle Ihrer Bewusstheit, der Mutterleib der Schöpfung. Hier warten alle Lösungen und alle Möglichkeiten darauf, wahrgenommen zu werden. Wenn Sie meditieren und diese Ebene in sich erreichen, geschieht etwas Magisches. Alle Grenzen verschwinden. Könnten Sie diesen grenzenlosen Zustand dauerhaft aufrechterhalten, wären Sie erleuchtet – was einfach bedeutet, dass

Sie in einem Zustand reiner Bewusstheit ruhen würden, in dem alle Möglichkeiten jetzt und immer koexistieren. Nur sehr wenige von uns erlangen Erleuchtung, aber jeder von uns kann diesen Zustand zumindest für kurze Momente erfahren. Und jeder Besuch dieser Bewusstseinsebene erfrischt Körper und Geist auf unvergleichliche Weise.

Erproben Sie Ihre Grenzen: Bewusst zu werden ist ein innerer Prozess, aber das bedeutet keineswegs Passivität. Meditation und Innenschau können gewaltige Veränderungen der äußeren Welt bedeuten. Sie können Ihr Leben deutlich verbessern und Ihnen helfen, die Bedürfnisse anderer zu erfüllen. Wenn Sie aus Ihrer Meditation heraus zurück in die Welt von Stress, Durcheinander, emotionalen Konflikten, Verwirrung und Konkurrenz treten, können Sie das mit der Absicht tun: Ich will sehen, woraus ich bestehe. Das ist nichts Festes; es verändert sich jeden Tag. Doch der allem zugrunde liegende Aspekt der Bewusstheit bleibt immer gleich.

Ich empfehle Ihnen hier nicht, sich in Aufgaben zu stürzen, die Ihre Bewusstheit überfordern. Erproben bedeutet auch, immer wieder zu prüfen, wo die Grenze jetzt liegt. Selbst eine kleine Bewegung ist genug. Es gilt hier nicht, riesige Widerstände zu überwinden oder etwas zu beweisen. Im Gegenteil – es geht darum, den Bereich zu erweitern, in dem Sie sich wohlfühlen. In dem Maße, wie sich Ihr Bewusstsein erweitert, nehmen auch die Bereiche zu, in denen Sie sich stark, fähig und selbstbewusst fühlen.

Bleiben Sie zentriert: Ihre Mitte ist der Ort Ihrer Kraft. Wenn Sie dort verankert bleiben, wird das Universum Ihnen alles zukommen lassen, was Sie brauchen. Es ist dann, als wären Ihre Handlungen »supraflüssig« – ein Begriff aus der Physik, der einen Zustand beschreibt, in dem es weder Widerstand noch Reibung gibt. Führende, die sehr gut mit Krisen umgehen können, zeichnen sich durch ihre Fähigkeit aus, zentriert zu bleiben. Wie geht das? Zuerst müssen Sie wissen, wie es sich anfühlt, zentriert zu sein, falls Sie das noch nicht kennen. Wie bereits erwähnt, ist Meditation ein guter Weg, diesen Zustand zu erfahren. Zentriert zu sein ist ein natürlicher Zustand, den Sie an folgenden Kriterien erkennen:

- Ihr Verstand ist ruhig. Das mentale Geplapper fällt weg.
- Sie fühlen sich sicher und sind voller Selbstvertrauen.
- Ihre Stimmung ist unbeschwert.
- Sie haben ein ausgeprägtes Seins-Gefühl.
- Ihre Lebendigkeit verleiht Ihnen eine ruhige, aber intensive Energie.
- Ihre Aufmerksamkeit ist ganz im gegenwärtigen Augenblick verankert.

Jeder erlebt solche Zustände von Zeit zu Zeit. Es liegt an Ihnen, sie zu kultivieren. Wenn Sie sich dann in einer schwierigen Situation befinden, wenn es aus allen Richtungen an Ihnen zerrt, können Sie diese Stille in sich aufspüren, weil Sie sich damit vertraut gemacht haben. Dann haben Sie Zugang zu Ihrem Ort der Kraft, zu Ihrem Ruhepunkt inmitten der sich drehenden Welt.

Prüfen Sie Ihre persönlichen Überzeugungen: Je stärker Ihre Überzeugungen, desto enger Ihre Perspektive. Starre Überzeugungen sind ein Zeichen für feste Grenzen und ein enges Bewusstsein. Wir alle haben innere Bilder von Führungspersönlichkeiten, die fest wie eine Säule für ihre Überzeugungen einstehen, und in manchen Situationen, zum Beispiel bei politischen Umwälzungen oder im Krieg, kann das eine notwendige Führungsqualität sein. Doch letztendlich hat am meisten Erfolg, wer flexibel ist, eine Situation von allen Seiten betrachten kann und sorgfältig auf kleine Veränderungen achtet. Über die eigenen persönlichen Überzeugungen hinaussehen zu können, ist ein wichtiger Schritt. Eine hilfreiche Haltung ist: »Ich glaube, ich habe recht, aber das heißt nicht unbedingt, dass ich das ganze Bild sehe.«

Sammeln Sie Informationen, nutzen Sie alle Quellen: Es gibt einen großen Unterschied zwischen Zentriertheit und Egozentrik. Wenn Sie zentriert sind, fließen Ihnen aus allen Richtungen Informationen zu. Sie wirken wie eine Schaltzentrale und sammeln so viele Ansichten wie möglich. Ist jemand hingegen egozentrisch, meint er, seine Idee müsse die beste sein, einfach weil sie die seine ist. Zu Anfang kann es schwierig sein, das zu unterscheiden. Die meisten Führenden fürchten, als schwach oder unsicher angesehen zu werden. Sie sind so darauf fokussiert, als entschlossen zu gelten, dass sie andere Meinungen nur schwer stehen lassen können. Doch je mehr Ansichten Sie aufnehmen können, desto weiter wird Ihr Bewusstsein sein.

Große Führungspersonen scheinen eine besondere Alchemie zu praktizieren. Sie hören allen zu und nehmen alles auf, was geboten wird – doch wenn sie dann zur Entscheidung kommen, stehen sie mit voller Überzeugung dahinter. Das ist jedoch keine Magie. Wenn Sie nicht zentriert sind, passiert genau das Gegenteil: Je mehr Meinungen Sie hören, desto mehr werden Sie verunsichert. Als Führungsperson müssen Sie lernen, dass Sie Unentschlossenheit nicht vermeiden, indem Sie sich ganz allein Ihre Meinung bilden und Andersdenkenden die Tür weisen. Vielmehr liegt die Lösung darin, allen Einflüssen gegenüber offen zu sein, aber sich von keinem vereinnahmen zu lassen.

Lernen Sie, klare Absichten zu haben: Als gute Führungskraft fällt es Ihnen leicht, Anweisungen zu erteilen und für deren Umsetzung zu sorgen. Eine herausragende Führungsperson geht jedoch noch einen Schritt weiter: Sie hat eine Absicht, unternimmt Schritte zu ihrer Umsetzung und besteht nicht auf einem bestimmten Ergebnis. Es ist dann immer noch erforderlich, tätig zu werden. Es geht nicht darum, sich etwas fest zu wünschen und dabei eine Kerze auszupusten. Doch Absichten sind mächtig, wenn sie auf der tiefsten Ebene des Bewusstseins ruhen. Wenn Sie eine vollkommen klare Absicht äußern, die aus Ihrem tiefsten Bewusstsein stammt, können Sie davon ausgehen, dass die Naturkräfte Sie unterstützen werden, und wenn das geschieht, können Sie den Zeichen folgen, die Ihnen die Situation offenbart. Vielleicht brauchen Sie nur wenig zu tun, vielleicht müssen Sie sich auch gegen große Widerstände behaupten. Beide Extreme sind möglich. Doch das Wesentliche ist: Ihre Absicht führt zu einem Ergebnis.

Unsere materialistische Gesellschaft bringt uns nicht bei, dass Absichten etwas Machtvolles sind. Wir werden zwar ermutigt, unseren Träumen treu zu bleiben, und ein starker Wunsch oder ein täglich genährter Traum sind einer klaren Absicht nicht unähnlich. Doch damit sich eine Absicht verwirklicht, müssen folgende Voraussetzungen gegeben sein:

- Ihr Wunsch muss aus einer tiefen Ebene des Bewusstseins stammen.
- Ihr Verlangen muss mit dem übereinstimmen, wer Sie sind.
- Sie müssen darauf vertrauen, dass das Universum das von Ihnen Erwünschte hervorbringen kann.
- Sie lassen los und erzwingen nichts.
- Sie lösen Ihre inneren Konflikte und Ihre Verwirrung auf.
- Sie achten sorgfältig auf sämtliche Rückmeldungen, und seien sie noch so schwach.
- Sie stimmen sich ein, um herauszufinden, was als Nächstes notwendig ist.

Das erinnert Sie vielleicht an Ihre Kindheit: Wenn Sie einen Groschen in den Automaten gesteckt haben, kam nur selten genau die Süßigkeit heraus, die Sie wollten (manchmal allerdings klappte es). Um ein Verlangen zu verwirklichen, gilt es, bei jedem Schritt entlang dem Weg bewusst zu sein. Fangen Sie jetzt an, diesen Weg zu beschreiten. Kleine Absichten zeigen Ihnen, wie es geht, aber selbst die größten Wünsche lassen sich mit den gleichen Schritten erfüllen.

Schätzen Sie inneren Frieden: In dieser Gesellschaft erzählen wir stolz, wie viel Kaffee wir im Laufe des Tages in uns hineinschütten, und wir feiern uns als Adrenalin-Junkies. In einer Welt voller Chaos und Stress verwechseln viele Menschen Aufregung mit Lebendigkeit. Keine Frage, ein ordentlicher Adrenalinstoß kann ein tolles Hochgefühl auslösen – ein paar Stunden lang. Wenn das Adrenalin abebbt, sind Körper und Geist jedoch erschöpft, und über längere Zeit hinweg fordert der Stress seinen Tribut. Die Vorstellung, immer so hip sein zu müssen wie unsere Umgebung, führt in eine Sackgasse. Niemand gedeiht unter Stress, auch wenn viele etwas anderes behaupten. Der produktivste Zustand ist Frieden. Viele Führende können das nur schwer akzeptieren. Sie tauschen die Gegenwart gegen die Zukunft ein und stürzen sich von einem Chaos ins nächste, mit der stillen Hoffnung, dass sie eines Tages, in ferner Zukunft, Zeit zum Ausruhen haben werden.

Das ist ein Teufelspakt. Frieden ist entweder jetzt da oder gar nicht. Mit Frieden meine ich keine Passivität. Frieden bedeutet nicht Lethargie oder mangelndes Engagement. Echter Frieden ist ein dynamischer Zustand. Er steckt voller Potenzial und der Erwartung großartiger Dinge. Es ist der Augenblick, kurz bevor neues Leben geboren wird. Der erste Schritt hin zu solchem Frieden besteht darin, ihn zu schätzen. Bewusstheit führt zu mehr von dem, was Sie schätzen – das ist eine Grundregel des Bewusstseins. Indem Sie den Zustand des stillen, inneren Friedens schätzen, laden Sie ihn ein, Teil Ihres täglichen Lebens zu werden.

In dem Maße, wie sich Ihre Bewusstheit erweitert, werden Sie der Welt besser dienen. Wir sind daran gewöhnt, dass Führende Autoritätspersonen sind, und die Vorstellung, Führen bedeute Dienen, ist deshalb schwer zu akzeptieren. Doch sobald Sie verstanden haben, dass Dienen keine Selbstaufopferung bedeutet, wird es Ihnen zur zweiten Natur werden. Dienen ist der mühelose Ausdruck Ihres Bewusstseinszustands (das erinnert mich an den Aphorismus »Ich kann nicht hören, was du sagst, weil du so ohrenbetäubend bist«). Wer sind Sie also? Sie sind Ihr Bewusstsein, mit jeder Faser Ihres Seins.

4

D = Doing – Tun

Führende sind handlungsorientiert. Nur durch Handeln können Sie einer Vision Leben einhauchen. Doch die Vision und das Handeln müssen zusammenpassen, und das zu erreichen erfordert gewisse Fähigkeiten. Sie müssen zunächst einmal Ihren Worten Taten folgen lassen, andere begeistern und sie in Ihr Projekt einbeziehen.

Jede Situation erfordert das passende Handeln. Führende müssen erkennen, welche Rolle von ihnen erwartet wird. Wenn Sie bewusst sind, wird Ihnen das leichtfallen. Erfolgreiche Visionäre sind fähig, jede Rolle zu erfüllen – ihre Flexibilität stammt aus der unendlichen Beweglichkeit der Seele.

Handeln, das aus Führen mit Seele herrührt, ist anders. Es wird zu Nichttun, und das ist dasselbe wie Zulassen. Sie treten zur Seite und lassen Ihre Seele durch Sie wirken, ohne Kampf, ohne Sorge und ohne Widerstand. Nichttun heißt nicht, nichts zu tun. Vielmehr ist es die machtvollste Art zu führen, denn Sie vertrauen darauf, dass Ihre Seele das bestmögliche Ergebnis anstrebt. Ihre Rolle besteht dann darin, sich einzuschwingen und Zeuge dafür zu sein, wie perfekt sich das Leben organisiert, wenn die Seele am Ruder sitzt.

Wir haben uns bislang eher auf den Aspekt der Vision konzentriert, aber kein Erfolg entsteht ohne die Tat. Wenn Führende den Weg gewiesen haben, wird erwartet, dass alle ihre Anweisungen befolgen. Die Belastung des Führens entsteht dadurch, dass Ergebnisse immer unvorhersehbar sind. Die häufigste Klage von Führungskräften ist, dass sie sich den ganzen Tag zwischen dem einen Kurs und dem anderen entscheiden müssen und dabei fast keine Zeit mehr haben, sich der tiefsten Ebene des Selbst zu widmen. In einer Welt, in der die Zukunft nicht steuerbar ist, erscheint es jedoch töricht, jene Quelle allen Handelns zu missachten, die im Kern unseres Seins liegt: die Seele.

Sie sind jetzt schon sehr viel weiter gekommen als die meisten Führungskräfte. Sie haben die verborgenen Kräfte der Beziehungen kennengelernt, und Sie wissen um den Wert der erweiterten Bewusstheit. Wenn Sie tief darin verankert sind, wird Ihr Handeln direkt aus Ihrer Vision entstehen. Handeln ist eine Fähigkeit. Sie beruht auf fünf Schritten, die zwischen Erfolg und Misserfolg entscheiden. Wann immer Sie in die Situation kommen, zu führen ...

1. Seien Sie handlungsorientiert. Die Atmosphäre um Sie herum muss dynamisch sein. Alle in Ihrem Team sollten den Impuls verspüren, etwas zu tun.

2. Seien Sie Vorbild, indem Sie sich ganz einlassen. Seien Sie bereit, alles zu tun, was Sie von anderen erwarten. So bewegen Sie sie dazu, aktiv zu werden. Eine Führungskraft muss nicht die Aufgaben erledigen können, die sie anderen überträgt, aber wenn sie es kann, ist es von großem Vorteil.

3. Verpflichten Sie sich zu gutem, ehrlichem Feedback. Zeigen Sie, dass Sie die Wahrheit hören wollen, und wenn Sie anderen Rückmeldungen geben, seien Sie aufrichtig, aber positiv. Betonen Sie zuerst und am ausführlichsten die positiven Beiträge.

4. Seien Sie beharrlich. Es wird immer Rückschläge und Hindernisse geben. Kein wichtiges Projekt läuft immer glatt. Wenn andere insgeheim Misserfolge befürchten, kann Ihre unermüdliche Beharrlichkeit eine starke Unterstützung sein.

5. Nehmen Sie sich Zeit zu feiern. Erzeugen Sie jedes Mal, wenn eine wichtige Leistung erbracht wurde, eine Atmosphäre des Feierns. Wenn es immer nur ums Arbeiten geht, erlahmt die Begeisterung der Leute. Feiern Sie die erreichten Meilensteine auf dem Weg zum Ergebnis, damit verschaffen Sie allen einen Vorgeschmack auf den letztendlichen Erfolg.

Eine visionäre Führungskraft wird nicht damit zufrieden sein, ein Team kompetenter Leute um sich zu scharen. Sicher ist das wichtig, doch noch entscheidender ist es, der Gruppe – und der Welt – die Authentizität Ihres Tuns vor Augen zu führen. Jedes Mal, wenn Sie vor anderen zu Ihren Worten stehen, bestätigen Sie die Behauptung des preisgekrönten Vortragsredners Italo Magni: »Wenn Sie aus dem Kopf reden, erreichen Sie ihre Köpfe. Wenn Sie aus dem Herzen reden, erreichen Sie ihre Herzen. Wenn Sie aus Ihrem Leben reden, erreichen Sie ihr Leben.«

Sie können diese Worte sofort umsetzen. Bringen Sie Ihr Team zusammen und gehen Sie vor aller Augen eine persönliche Verpflichtung ein. Versprechen Sie, Zeit, Aufmerksamkeit, Energie, persönliche Kontakte oder finanzielle Mittel einzubringen, je nachdem, was angebracht ist. Seien Sie konkret. Hier geht es nicht um ein paar aufmunternde Worte oder einen Auftritt im Rampenlicht. Ihre Leute verdienen es, genau zu wissen, was Sie bereit sind zu investieren.

Sprechen Sie danach jeden Einzelnen an und bitten Sie ihn, zu sagen, was er investieren will. Danach haben Sie einen praktikablen Arbeitsplan. Verfolgen Sie in der kommenden Zeit, wie jeder seine Zusagen umsetzt. Stehen Sie zu allem, was Sie versprochen haben. Denken Sie daran: Nur zwanzig Prozent aller Arbeitnehmer glauben an die Bereitschaft ihrer Chefs, etwas für eine Beziehung zu ihnen zu tun. Wollen Sie Leute haben, die mit Ihnen an einem Strang ziehen, gibt es nichts Wichtigeres.

Alle müssen über jeden Schritt auf das Ziel hin informiert sein und wissen, dass Sie Feedback schätzen. Niemand darf außen vor bleiben.

Rechtes Handeln in jeder Situation

Wenn Sie bewusst sind, zeigt Ihnen jede Situation, welcher Weg der richtige und welcher der falsche ist. Jede der sieben Situationen, die wir beschrieben haben (siehe Seite 43 ff.), erfordert eine andere Rolle und ein anderes Handeln.

1. Beschützend: Ihre Rolle ist die des Krisenmanagers. Als Vorbild zeigen Sie Selbstvertrauen und Stärke. Ihr Handeln überzeugt, wenn Sie in das Zentrum der Krise gehen und so lange wie nötig dort bleiben. Sie achten ständig auf Feedback darüber, wie sich die Krise entwickelt. Dank Ihrer Beharrlichkeit finden alle Aspekte der Krise Beachtung, nichts wird übersehen. Ist die Krise überstanden, ist das ein Fest für Ihr ganzes Team; es nimmt die Geretteten auf und vermittelt ihnen ein Gefühl der Sicherheit. Das löst die Spannung und den Stress, den jede Krise mit sich bringt.

2. Leistungsstark: Ihre Rolle ist es, zu motivieren. Als Vorbild zeigen Sie, wie man sich erfolgreich behauptet. Ihr Handeln überzeugt, wenn Sie die ganze Gruppe an greifbaren Belohnungen teilhaben lassen und nicht alles auf sich selbst beziehen. Sie lenken die Aufmerksamkeit auf Erfolgsgeschichten, aber Sie achten auch auf die Dinge, die nicht so gerne mitgeteilt werden, wie Zweifel oder Hindernisse, die dem Erfolg im Wege stehen. Äußere Konkurrenz und Rückschläge sind unvermeidlich, doch Sie lassen sich davon nicht beirren. Sie ermutigen die Gruppe und vermitteln ihr, dass jede Herausforderung überwunden werden kann. Wenn der Erfolg schließlich errungen worden ist, feiern Sie, indem Sie die Anerkennung und den Lohn teilen, den besonderen Beitrag jedes Einzelnen herausstellen und Raum lassen für Hochgefühle.

3. Das Team formend: Ihre Rolle ist es, zu verhandeln. Als Vorbild zeigen Sie, dass es um gemeinsame Ziele und nicht um Eifersüchteleien und Fraktionen geht. Sie überzeugen durch Ihr Handeln, indem Sie fair und gerecht sind und niemanden bevorzugen. Das Feedback, auf das es hier ankommt, ist Einigkeit. Meinungsverschiedenheiten sind unvermeidlich, und Sie achten sorgfältig auf mögliche Unstimmigkeiten in der Gruppe, um sie zu beheben, bevor daraus ein größerer Streit wird. Sie bringen Kontrahenten beharrlich zusammen, auch wenn alle Beteiligten stur und widerspenstig erscheinen. Wenn Sie die Gruppe zusammengebracht haben, feiern Sie als Gruppe außerhalb der Arbeit. Finden Sie eine

Aktivität, an der alle Spaß haben. Lassen Sie die Gruppe einmal ohne den Druck der Arbeit ihre Solidarität spüren.

4. Zugewandt: Ihre Rolle besteht darin, sich anderen zuzuwenden und ihnen Rat zu erteilen. Jedem, der mit Sorgen oder Nöten zu Ihnen kommt, bringen Sie auf vorbildhafte Weise Mitgefühl und Verständnis entgegen. Sie überzeugen durch Ihr Handeln, indem Sie nie verurteilen. Ihre Empathie gilt jedem, denn jeder macht einmal schwere Zeiten durch. Als Feedback, auf das es Ihnen ankommt, begreifen Sie alle Zeichen, dass sich jeder gehört und verstanden fühlt. Gleichzeitig kümmern Sie sich um alle, die unbeteiligt wirken oder sich nicht so recht in die Gruppe zu finden scheinen. Sie sind beharrlich für jene da, die Sie brauchen, sind darüber informiert, wie es ihnen geht, und lassen sich auf echte Beziehungen ein. Das Feiern erfolgt hier mit jedem Einzelnen, indem Sie sich darüber austauschen, was Ihnen persönlich Freude macht, und gemeinsam den Weg der Heilung beschreiten.

5. Innovativ: Sie haben die Rolle des Katalysators. Sie fördern neue Ideen und zeigen dadurch vorbildhaft, dass Sie sich mit dem Unbekannten wohlfühlen und es anregend finden. Sie überzeugen durch Ihr Handeln: Sie schaffen Raum für Kreativität und fördern neue verheißungsvolle Ansätze. Ihr Feedback sind Anzeichen von neuen Entdeckungen oder Durchbrüchen. Ihr Radar ist auf Fortschritte ausgerichtet. Sie halten die Gruppe von Sackgassen und wenig erfolgversprechenden Wegen fern. Den Durchbruch feiern Sie mit allen gemeinsam und freuen sich über die Pionierleistungen.

6. Transformierend: Ihre Rolle ist es, zu inspirieren. Sie folgen vorbildhaft Ihrem höheren Ruf und lassen durch Ihre Stimme die innere Stimme sprechen, die jeden dazu aufruft, sich zu wandeln. Ihr Handeln überzeugt, weil es die von Ihnen verkündeten Werte verkörpert. Als Feedback achten Sie besonders auf innere Veränderungen in der Gruppe – und diese Gruppe könnte auch eine ganze Gesellschaft sein. Es geht dabei um Hinweise darauf, dass die

Leute ihr besseres Wesen zum Ausdruck bringen. Sie bleiben mitfühlend – unabhängig davon, wie oft jemand rückfällig wird oder Schwäche zeigt. Gefeiert wird oft mit Ritualen der Dankbarkeit oder mit einem Gebet. Der Zusammenhalt der Gruppe beruht darauf, dass alle sich als Kinder einer höheren Macht empfinden.

7. Weise und wahrlich sehend: Ihre Rolle ist reines Licht. Sie haben den höchsten Zustand des Bewusstseins erreicht. Sie sind ein Vorbild, weil Sie eine heilige, geläuterte Seele sind. Sie überzeugen durch Ihr Handeln, indem Sie die reinen Qualitäten des Seins verkörpern: Liebe, Wahrheit, Frieden und tiefe Weisheit. Was Sie tun, spielt jetzt kaum noch eine Rolle. Alles dient Ihnen als Feedback: Die Weisen wissen, dass jeder Mensch seinem eigenen Weg folgt, den es zu respektieren gilt. Sie verstehen die menschliche Natur in all ihren Ausdrucksformen. Sie feiern durch Vereinigung mit dem Einen, dem Feld reinen Seins, der Quelle von allem. Für die anderen besteht das Fest darin, Ihren inneren Frieden und Ihre Freude zu genießen und in sich aufzunehmen.

Das menschliche Dasein ist komplex, und so müssen Sie selbst heraus, welche Rolle es jeweils zu spielen gilt. Wenn Sie auf der Ebene des tiefsten Bewusstseins angekommen sind, steht Ihnen jede Rolle offen. Die eindrucksvollsten Führungspersönlichkeiten der Geschichte, Menschen wie Gandhi, Churchill oder Lincoln, konnten alle sieben Rollen einnehmen. Das war der Schlüssel zu ihrer Größe.

Jede Situation erfordert eine flexible Herangehensweise, aber manche Werte müssen bewahrt bleiben, damit Sie Ihre Rolle erfolgreich spielen können. Ohne diese inneren Werte werden die Konflikte, die von allen Seiten auf Sie einstürmen, Sie zerreißen. Es geht nicht darum, ein starkes Ego zu haben, das nirgends nachgibt. Um ein Problem zu lösen, ist es vielmehr wichtig, zu wissen, wo man sinnvollerweise nachgeben sollte und wo nicht.

Was nicht verhandelbar ist:

Beschützend: Ich gebe meine Zentriertheit nicht auf. Wenn ich mich innerlich nicht stark und sicher fühle, kann ich die Krise nicht bewältigen.

Leistungsstark: Ich gebe mein Selbstvertrauen nicht auf. Wenn ich nicht von meinem Erfolg überzeugt bin, kann ich die anderen nicht zum Erfolg motivieren.

Das Team formend: Ich gebe meine Unparteilichkeit nicht auf. Wenn ich nicht alle fair behandele, kann ich andere nicht dazu bewegen, ihren Zwist beizulegen.

Zugewandt: Ich gebe meine inneren Einsichten nicht auf. Wenn ich nicht erkenne, wie sich die Menschen wirklich fühlen, werden sie sich nicht verstanden fühlen.

Innovativ: Ich gebe meine Neugier nicht auf. Wenn ich nicht für alle Möglichkeiten offen bin, kann ich andere nicht zu neuen Entdeckungen führen.

Transformierend: Ich gebe mein moralisches Leitbild nicht auf. Wenn ich nicht inspiriert bin, kann ich auch andere nicht zu einer höheren Lebensweise führen.

Weise und wahrlich sehend: Ich bin einzigartig, weil es nichts gibt, was ich nicht aufgeben würde. Das Universum schenkt alles und nimmt alles. Indem ich mit den Zyklen von Schöpfung und Zerstörung verbunden bin, umfasse ich beides.

In schwierigen Zeiten werden diese inneren Werte Ihre Unterstützung sein. Sie werden darüber nicht verhandeln, weil sie ein Teil von Ihnen sind. Sie aufzugeben würde bedeuten, sich selbst zu zerstören. Sie füllen die Rolle, die Sie spielen, wirklich aus, wenn Sie sich ganz sicher sind, wo Sie bereit zu Kompromissen sind und wo nicht.

Smartes Handeln

Auch während Sie Ihre Rolle spielen, gibt es ein paar konkrete Schlüssel zu erfolgreichem Tun. Ihre Größe als Führungsperson hängt nicht davon ab, wie gut Sie zu Ihrer Rolle passen. Der letztendliche Test ist das rechte Handeln, das heißt, es muss klar und entschieden sein und zu den beabsichtigten Ergebnissen führen. Stellen Sie sich vor, in einer katastrophalen Notsituation wie nach dem Wirbelsturm Katrina oder der Ölkatastrophe im Golf von Mexiko haben Sie eine entscheidende Führungsposition inne. Sie und Ihre Mannschaft sind die Ersten, die am Ort des Geschehens eintreffen, und Sie müssen in kürzester Zeit Entscheidungen treffen. Sie haben drei Möglichkeiten:

A: Sie richten eine Befehlskette zu den Entscheidern in der Regierung ein. Ihr Handbuch enthält bewährte Methoden, um mit solchen Situationen umzugehen. Überall herrscht Chaos, doch Sie warten die Anordnungen von oben ab. Sie haben eine Aufgabe zu erledigen, aber Sie wollen sicher sein, dass Sie es richtig machen. Sie achten auf sich selbst und Ihren Job, so können Sie nichts falsch machen; schließlich stehen Sie loyal zu Ihren Vorgesetzten.

B: Sie bleiben ständig in Bewegung und prüfen den Notstand vor Ort. Sie eilen dorthin, wo die Not am drängendsten ist, um zu helfen. Sie halten regelmäßig Rücksprache mit den verantwortlichen Regierungsvertretern, aber den größten Teil der Verantwortung tragen Sie auf Ihren eigenen Schultern. Dies ist Ihr großer Auftritt, wie auch immer er ausgeht. Wie ein General in der Schlacht geben Sie Anweisungen und erwarten, dass sie ausgeführt werden. Sie genießen das Vertrauen Ihrer Vorgesetzten und verlieren nie die Kontrolle über die Situation.

C: Sie sind täglich einmal am Ort der Zerstörung, aber abgesehen davon bleiben Sie an Ihrem Platz. Sie delegieren Befugnisse und erwarten, dass Ihre Leute auch selbstständig Entscheidungen treffen. An jedem Schritt des Weges prüfen Sie, wer für welche

Aufgabe am besten geeignet ist. Sie improvisieren, wo es notwendig ist. Sie zögern nicht, Risiken einzugehen, denn wie Sie wissen, sind in Notsituationen Höchstleistungen gefordert, und die gibt es nicht ohne Risiko. Sie setzen schier unmöglich erscheinende Ziele und Termine, aber irgendwie gelingt es, sie einzuhalten.

Diese drei möglichen Handlungsstränge sollten Ihnen vertraut vorkommen. In der heutigen Zeit ständiger Berichterstattung über die Medien kann die Öffentlichkeit genau zusehen, wie mit Katastrophen umgegangen wird. Die erste Art der Aufgabenbewältigung (als Mannschaftsspieler, der nie gegen die Regeln verstößt) lässt sich leicht von der zweiten Art (die mit persönlichem Höchsteinsatz ständig vor Ort einhergeht) unterscheiden. Aber die dritte Art lässt sich nicht so leicht ausmachen, denn diese Person ist in ihrem Handeln unberechenbar und spontan. Sie wirkt mehr von innen heraus als von außen. Sie kann sehr engagiert oder scheinbar distanziert wirken – je nachdem, wie es ihr ihre innere Führung vorgibt.

Diese Führungsperson hat sich bewusst entschieden, wie sie handeln will. Wie auch immer die Notsituation aussieht, sie geht sie bewusst an. Ihr Handeln ist das klügste von allen, weil sie versucht, die Situation nicht nur aus ihrer eigenen Perspektive, sondern aus möglichst vielen Blickwinkeln zu betrachten, um sich daraus ein vollständigeres Bild zu machen. Intelligenz ist eine Eigenschaft des Bewusstseins. Die persönliche Intelligenz ist nur ein Aspekt davon. Eine große Führungspersönlichkeit muss nicht den höchsten IQ ihres Teams haben. Ihre Begabung liegt darin, so viel Intelligenz wie möglich zu vereinen, von überall her.

Wir können diesen Ansatz mit dem Akronym **SMART** (= klug) umschreiben. Er passt auf jede Führungssituation, nicht nur in Krisen und Notfällen. Egal welche Rolle Sie spielen, Sie können folgendermaßen smart agieren:

- **S – Stretch (Dehnbarkeit):** Sorgen Sie dafür, dass die Gruppe ihr Verständnis der Situation erweitert, sodass alle erkennen, es geht um die Umsetzung einer Vision. Meiden Sie Wiederholungen und Routine.

- **M – Measure (Messbarkeit):** Bemessen Sie jeden Schritt, der zum Ziel führt. Messbare Ziele sind greifbar, sichtbar. Die Informationen darüber stehen der ganzen Gruppe zur Verfügung. Meiden Sie Ungenauigkeiten und Unklarheiten.
- **A – Agreement (Zustimmung):** Alle Ihre Entscheidungen sollten auf Zustimmung beruhen. Achten Sie bei jedem Schritt vorwärts auf die Zustimmung aller Beteiligten. Meiden Sie einseitige Aktionen und willkürliche Regelungen.
- **R – Record (Nachvollziehbarkeit):** Führen Sie über die Fortschritte Protokoll. Lassen Sie alle wissen, dass sie Teil einer sich noch entfaltenden Geschichte, einer Reise sind. Meiden Sie sinnlose Prozeduren.
- **T – Time (Zeit):** Es sollte klare Termine für die Zielerreichung geben. Das ist nicht als Einschränkung gedacht, sondern gibt vielmehr jedem Mitglied der Mannschaft die Freiheit, vor dem Hintergrund dieses Termins seinen eigenen Rhythmus zu finden. Meiden Sie Arbeitspläne ohne festen Zeitrahmen.

Durch die bewusste Entscheidung, smart zu agieren, umgehen Sie zwei große Fallen des Führens: Die erste ist das Ego, wenn Sie sich selbst als einzig gültige Autorität betrachten und darauf bestehen, immer recht zu haben. Die andere Falle ist mangelnde Reichweite. Überall im Universum ist Intelligenz, in jeder Zelle unseres Körpers, in allen Menschen. Der natürlichste Weg, Zugang zu diesem Feld zu gewinnen, besteht darin, Ihr Blickfeld zu erweitern. Je weiter Sie Ihr Netz auswerfen, desto mehr werden Sie wissen.

Viel hängt auch davon ab, das Richtige und nicht das Falsche zu tun. Dabei geht es weniger darum, dass die Zukunft ungewiss ist, als vielmehr um die Authentizität Ihrer Vision. Sie sind die Quelle. In Ihnen und durch Sie wird der Funke gezündet. Deshalb ist Ihre Position in der Gruppe einzigartig. Um sicherzustellen, dass Sie wirklich aus der Seele heraus handeln – und alles richtige Handeln beginnt dort –, können Sie sich immer wieder folgende Fragen stellen:

- Stehen Ihre Handlungen für das, worum es grundsätzlich in der Gruppe geht?
- Tun Sie, was Ihre Vision erfordert?
- Passt das, was Sie tun, zu den Bedürfnissen, die zum Ausdruck gebracht werden?
- Tun Sie das, was Sie allen versprochen haben?
- Räumen Sie alles aus dem Weg, was die Umsetzung Ihrer Absicht behindern könnte?
- Geben Sie der Freude und Erfüllung Raum, die alles erfolgreiche Tun mit sich bringt?

Die spirituelle Seite des Tuns

Woran erkannt man eine Person, die mit Seele führt? Sie kämpft nicht mehr und lässt das Leben sich entfalten. In östlichen Traditionen wird dieser Ansatz auch »Nichttun« genannt, und es gilt als machtvoller als das Tun. Durch Nichttun können Sie mit weniger Einsatz mehr erreichen, was keineswegs bedeutet, nichts zu tun.

Stellen Sie sich vor, Sie sind bei einer Sportveranstaltung, zum Beispiel einem Eishockeyspiel. Ein Augenblick höchster Spannung ist gekommen, und der Torhüter weiß, dass alles auf ihn ankommt. Sein Körper und sein Geist sind in höchster Alarmbereitschaft. Innerhalb von Sekundenbruchteilen wird über Erfolg oder Niederlage entschieden.

Sportler können in solchen Situationen manchmal in einen Zustand geraten, der im englischen Sprachraum »in the zone« genannt wird. Trotz der hohen Spannung des Augenblicks fühlen sie sich plötzlich innerlich ganz entspannt. Der ohrenbetäubende Lärm der Zuschauer verschwindet, in ihnen herrscht Stille. In unserem Beispiel weiß der Torhüter dann mit ruhiger, absoluter Gewissheit, dass er den Puck fangen wird. Manchmal schaut er sich sogar selbst zu, als hätte das alles nichts mit ihm zu tun, als sei es dem Puck einfach vorbestimmt, an welchem Ort er zu welchem Zeitpunkt landet. Die Zuschauer merken nichts von diesem Zustand. Äußerlich ist alles unverändert, aber seine innere Erfahrung der Situation hat sich extrem verwandelt. Aus Kampf ist Zulassen geworden. Eine unsichtbare Grenze wurde überschritten, aus Tun wurde Nichttun.

Es ist nicht planbar, diesen Zustand zu erreichen, aber Sie können die Rahmenbedingungen dafür schaffen. Wir können unseren Körper zu Höchstleistungen zwingen, aber oft gelingt es besser, wenn wir innerlich zur Seite treten und den Körper tun lassen, was er tut. Das Herz, die Lungen, die Nieren und das Gehirn arbeiten nicht schlechter, wenn wir innerlich beiseitetreten. Eher im Gegenteil: Wenn Sie sich Sorgen um Ihren Blutdruck machen, wird er eher steigen. Wenn Sie mit aller Kraft versuchen, sich an ein Wort zu erinnern, fällt es Ihnen mit größerer Wahrscheinlichkeit nicht ein. Kontrolliertes Handeln und das ungehinderte Agieren der Intelligenz des Körpers befinden sich in einem subtilen Gleichgewicht. Gemäß der östlichen Lehre des Nichttuns können Sie – so wie Sie von der Kontrolle über Ihren Körper einen Schritt zurücktreten – auch die Kontrolle über Ihr Leben ein Stück weit loslassen. Ihr Leben wird immer noch gut funktionieren, auch wenn Sie es nicht kontrollieren. Es wird fließen, sich entfalten, wachsen und sich entwickeln. Wenn Sie das zulassen, werden Sie zum Zeugen für das, was Ihre Seele will, und weil Sie Ihrer Seele vertrauen, passt das, was sie will, perfekt zu dem, was Sie wollen. Wenn diese Fusion stattfindet, ist es keine Frage magischer Augenblicke mehr, »in the zone« zu sein, sondern eine Lebensart.

Bei wirklich erfolgreichen Visionären ist dieses Nichttun zum natürlichen Zustand geworden. Eine Führungskraft, die erfahren hat, wie es ist, zuzulassen, dass sich das Leben von allein entfaltet, ist sehr im Vorteil. Sie kann sich dem Führen widmen und dabei all die Kämpfe und Sorgen, den Stress und die Kontrolle vermeiden, die viele wertvolle Projekte zum Erliegen bringen. Der Seele die Arbeit zu überlassen, ist sowohl die effizienteste als auch die spirituellste Art zu führen. Von der Seelenebene her wirken vor allem vier Prinzipien:

Bewusstsein hat Organisationskraft.
Bewusstsein ist zu kreativen Quantensprüngen fähig.

Bewusstsein bewegt sich ganz natürlich auf Wachstum zu.
Bewusstsein schafft aus Unordnung Ordnung.

Und jetzt setzen Sie einmal an die Stelle des Begriffes »Bewusstsein« das Wort »Ich«. Diese vier Prinzipien existieren durch Sie. Sie aktivieren sie, und genau das tun Sie, wenn Sie als Seele der Gruppe fungieren. Lassen Sie Ihre Seele handeln; damit ermöglichen Sie auch Ihren Mitarbeitern, ihre Seelen zu aktivieren. Doch wenn Sie kämpfen, sich sorgen und versuchen, die Kontrolle zu bewahren, behindern Sie den Einfluss der Seele. Erfolgreiche Visionäre unternehmen praktische Schritte, um das zu verhindern. Denn für jedes dieser vier Prinzipien gibt es deutliche »Do« (Tu es!) und »Don't« (Tu es nicht!).

Bewusstsein hat Organisationskraft.
Do: Lassen Sie den Ereignissen ihren Lauf. Wenn etwas ins Stocken kommt, nehmen Sie zunächst einmal eine abwartende Haltung ein. Handeln Sie, wenn Sie sich klar und zentriert fühlen. Lassen Sie andere Menschen die Dinge auf ihre eigene Art tun. Tolerieren Sie unterschiedliche Herangehensweisen. Vertrauen Sie darauf, dass Ihre Seele einen Plan hat, selbst wenn Sie ihn nicht vollständig erkennen können, und seien Sie gewiss, dass sich alles so entfalten wird, wie es sein soll.
Don't: Planen Sie nicht übermäßig. Und wenn Sie einen Plan machen, lassen Sie Spielraum für Veränderungen. Beharren Sie nicht darauf, dass es nur *einen* richtigen Weg gibt. Versuchen Sie nicht, alles von vornherein festzulegen. Sorgen Sie sich nicht um das Unbekannte – es wartet mit den kreativsten Lösungen auf. Belasten Sie sich nicht damit, alles im Voraus wissen zu müssen. Wenn Sie Zweifel haben, denken Sie nicht zu viel darüber nach und reißen Sie nicht hektisch die Kontrolle an sich.

Bewusstsein ist zu kreativen Quantensprüngen fähig.
Do: Erwarten Sie das Unerwartete und genießen Sie es. Fragen Sie sich nach neuen Lösungen und lassen Sie sie dann los, damit sie Zeit haben, in Ihnen zu reifen. Vertrauen Sie darauf, dass es

immer eine Antwort geben wird. Schauen Sie über die Ebene des Problems hinaus; die Lösung liegt fast immer auf einer anderen Ebene. Verlassen Sie sich auf Ihre Intuition. Verfolgen Sie Ahnungen und freuen Sie sich daran, wo sie Sie hinführen – zufällige Begegnungen sind oft äußerst produktiv. Bleiben Sie mit Leuten in Kontakt, die ganz anders denken als Sie, und achten Sie auf das, was sie aus ihrer besonderen Sicht zu sagen haben. Führen Sie ein Tagebuch über Ihre Brainstormings. Besonders hilfreich ist es, Ihrer Fantasie in Ihrem Tagebuch absolut freien Lauf zu lassen.

Don't: Wiederholen Sie keine erfolglosen Ansätze. Mehr von etwas, das nicht funktioniert hat, bringt selten vorwärts. Reden Sie nicht nur mit denen, die bereits Ihrer Meinung sind. Verschließen Sie sich nicht gegenüber verrückten Ideen und abgefahrenen Träumen – sie könnten zu unerwarteten Durchbrüchen führen. Vergessen Sie nicht, dass Sie eine Quelle unendlicher Kreativität sind, die nur darauf wartet, genutzt zu werden.

Bewusstsein bewegt sich ganz natürlich auf Wachstum zu.

Do: Vertrauen Sie darauf, dass Wachstum unendlich ist, da das Bewusstsein keine Grenzen hat. Betrachten Sie das Leben als eine Schule, in der jeder Tag der erste Schultag ist. Wenn Sie die Wahl haben, seien Sie lieber der Letzte in der höheren Klasse als der Erste in der unteren Klasse. Streben Sie nach Bestleistungen, und lassen Sie sich vom Kern Ihres Seins Schritt um Schritt dorthin führen. Bringen Sie das Wachstum mit etwas »Dünger« in Form von Energie, Aufmerksamkeit und Leidenschaft in Schwung.

Don't: Denken Sie nicht, dass Sie das Endziel erreicht haben. Es gibt immer einen weiteren Schritt der Evolution, der auf Sie wartet. Gehen Sie nicht davon aus, dass Sie die ganze Geschichte kennen – es gibt immer eine nächste Seite. Lassen Sie nicht den Kopf sinken. Geben Sie sich nicht mit »gut genug« zufrieden.

Bewusstsein schafft aus Unordnung Ordnung.

Do: Vertrauen Sie darauf, dass alles einen Grund hat. Suchen Sie nach diesem Grund, statt auf das Chaos zu starren. Halten Sie Ihren Verstand offen für die größeren Zusammenhänge. Bleiben

Sie mit dem Sinn und der Bedeutung Ihrer Arbeit in Kontakt. Erinnern Sie sich an das umfassendere Gute, zu dem die Mühen eines jeden Tages beitragen. Wenn sich neue Ebenen des Erfolgs entfalten, setzen Sie sich noch höhere Ziele. Die Natur folgt einer unendlichen Ordnung, daher lässt sich jede Komplexität mühelos sortieren.

Don't: Kämpfen Sie nicht gegen die Unordnung an. Die Schöpfung braucht Unordnung, um neue Antworten zu finden. Erzwingen Sie keine willkürlichen oder starren Ordnungen. Die Ordnungen, die der Verstand den Dingen überstülpt, sind hässlich im Vergleich zu den wundervollen Ordnungen der Natur. Bringen Sie nicht noch mehr Stress in die Situation. Leisten Sie Veränderungen keinen Widerstand, nur weil sie Ihnen unangenehm sind: Seien Sie offen für die neue Ordnung, die sich zeigen will.

Wenn Sie sich diese Prinzipien zu eigen machen, werden Sie die große Kraft entdecken, die im Zulassen steckt. Statt zu versuchen, jeden Schritt Ihrer persönlichen Reise durch Nachdenken herauszufinden, können Sie sich von Ihrer Seele offenbaren lassen, was als Nächstes dran ist. Es ist nicht vorhersehbar, was als Nächstes notwendig ist. Kennen Sie etwa den Tag und die Stunde Ihrer nächsten brillanten Idee? Nochmals: Hier geht es nicht darum, nichts zu tun. Ihre Seele gibt Ihnen vielleicht den Impuls, sofort aktiv zu werden; oder sie rät Ihnen, abzuwarten – oder irgendetwas dazwischen. Bewusstsein fließt dorthin, wo es gebraucht wird. Die Seele sendet die Botschaft aus, die im Moment stimmig ist.

Hinter dem Mysterium des Nichtstuns liegt eine simple Wahrheit: Ihre Seele möchte vollständig für Sie sorgen. Alle echten Führungspersönlichkeiten verkörpern diese Wahrheit, denn in ihrem tiefsten Inneren möchten sie dienen. Ihre größte Erfüllung liegt darin, anderen Erfüllung zu verschaffen. Sosehr Tun und Nichttun auch wie Gegensätze klingen – hier verschmelzen sie. Nichttun bringt Sie Ihrer Seele näher. Von dort aus dient alles, was Sie tun, dem höchsten Sinn des Lebens, dem Wohl der Gruppe und Ihrer eigenen persönlichen Mission.

🌀 Führen mit Seele bedeutet, zu tun, was sich von der Ebene des Seins her richtig anfühlt. Ihr Handeln wurzelt in Bewusstheit. Und wenn es von dieser tiefen Ebene kommt, wird Ihr Handeln vom Universum unterstützt.

🌀 Die Rolle, die Führende spielen, hängt von der Situation und ihren Erfordernissen ab. Mit einem erweiterten Bewusstsein können Sie alle sieben Rollen ausfüllen und damit den sieben Grundsituationen gerecht werden, die das Leben mit sich bringt.

🌀 Aus spiritueller Sicht ist die höchste Form des Tuns das Nichttun oder Zulassen. Diese Art zu handeln kommt direkt aus der Seele. Im Zustand des Nichttuns schauen Sie zu, wie die Entfaltung Ihres Seins Sie jeden Schritt des Weges hin zu Ihren höchsten Zielen lenkt.

WAS KÖNNEN SIE HEUTE TUN?

Führende werden nach ihren Taten beurteilt, und der Schritt, der jedem Handeln vorausgeht, ist die Entscheidung. Durch mehr Bewusstheit können Sie die Chance, richtige Entscheidungen zu treffen, erhöhen. Eine Entscheidung, die Sie in die richtige Richtung führt, erzeugt im Vergleich zu einer falschen Entscheidung ein anderes Gefühl, eine andere Atmosphäre und eine andere Wahrnehmung durch andere. Das trifft auch zu, während die Entscheidung fällt. Wenn Sie sich darauf einstimmen, wie der Prozess läuft, werden Sie den Unterschied bemerken.

Erfolgreiche Entscheidungen haben gewisse gemeinsame Merkmale. Wenn Sie heute eine wichtige Entscheidung zu treffen haben oder wenn Sie über eine Entscheidung nachdenken, die Sie bald fällen müssen, können Sie sich ein paar einfache Fragen stellen:

- Fühlt sich diese Entscheidung richtig an?
- Ist sie gerecht und ehrlich?
- Kann ich dem trauen, was mir gesagt wird?
- Wo liegt der Haken bei der Sache?
- Wächst mir die Sache über den Kopf?

Wenn Sie sich richtig schlechte Entscheidungen anschauen, die Sie in der Vergangenheit getroffen haben, werden Sie sehen, dass Sie sich diese Fragen nicht gestellt oder sie nicht ehrlich beantwortet haben. An irgendeinem Punkt im Entscheidungsprozess haben Sie angefangen, sich etwas vorzumachen – wie viele andere vor Ihnen, auf jeder Ebene des Führens. Sie ließen sich auf Illusionen ein statt auf die Wirklichkeit, weil Sie sich von Ihrem wahren Selbst entfernten, dem Kern Ihrer persönlichen Werte und Ihres Lebenssinns. Das braucht nicht wieder vorzukommen.

Das Umfeld einer guten Entscheidung besteht aus einer Reihe von Faktoren, an denen Sie prüfen können, ob Sie im Einklang mit Ihrer Seele sind. Betrachten Sie die folgende Liste und testen Sie, ob Ihre gegenwärtigen Entscheidungen – ob groß oder klein – von der Ebene des Seins getragen werden.

20 Elemente richtiger Entscheidungen

1. Sie sind optimistisch.
2. Sie verlieren sich nicht in Wunschdenken.
3. Sie denken nicht ständig darüber nach, was alles schiefgehen könnte.
4. Sie können ohne unnötige Ängste die Risiken abwägen.
5. Sie kreiden niemandem vergangene Fehler an.
6. Sie brauchen nicht immer wieder Bestätigung.
7. Sie wollen, dass Ihr Team das tut, was für alle am besten ist.
8. Sie begegnen Kritik mit Gelassenheit und Fairness.
9. Sie sind bereit, vernünftige Risiken einzugehen.
10. Sie vertrauen darauf, dass es immer eine Lösung gibt, die darauf wartet, sich zu zeigen.

11. Sie ermutigen unabhängiges Denken.
12. Sie verlieren sich nicht in winzigen Details.
13. Sie hören sich eine große Bandbreite von Meinungen an.
14. Sie wissen, dass jede Situation ihre eigene beste Lösung hat.
15. Sie sagen ehrlich Ihre Meinung, ohne die anderen vor den Kopf zu stoßen.
16. Sie sind fokussiert und lassen sich nicht ablenken.
17. Sie sind voll des Lobes, wenn jemand einen positiven Beitrag leistet.
18. Sie stellen vernünftige Regeln auf, die lediglich minimal einschränken.
19. Sie sind bezüglich Ihrer Autorität bescheiden; Sie erheben sich nicht über andere.
20. Sie nehmen mit echter Begeisterung teil.

Wenn alle oder die meisten dieser Elemente gegeben sind, basiert Ihre Entscheidung auf großer Bewusstheit – Sie sind gut eingestimmt. Wenn nur wenige dieser Elemente gegeben sind, ist Ihre Entscheidung von Widerständen geprägt. Solange Sie nicht innerlich klarer sind, werden Ihre Entscheidungen zu verschwommen sein, und Sie sollten sich nicht auf sie verlassen.

Falls Sie daher heute Unstimmigkeiten in Ihrem Umfeld bemerken, dann verschieben Sie Ihre Entscheidung, bis Sie innerlich an dem Punkt ankommen, wo Sie sich klar, verbunden, ruhig und selbstbewusst fühlen. Wie immer liegt das Geheimnis darin, dass jede Situation in Ihnen anfängt und widerspiegelt, wo Sie sich gerade befinden. Vertrauen Sie darauf, dass Ihre Seele das Beste für Sie will und dass Sie mit einem erweiterten Bewusstsein unwandelbar den richtigen Weg finden. Wenn die Bedingungen im Innern klar sind, werden die Ergebnisse im Außen auf natürliche Weise folgen.

5

E = Empowerment

Empowerment (dt. Ermächtigung, Bevollmächtigung, Selbstkompe-
tenz, Stärkung von Autonomie und Eigenmacht) ist die Frucht allen
erfolgreichen Handelns. Tun und Macht gehen Hand in Hand, denn
ohne die Energie, Ihre Vision auch über Schwierigkeiten und Wider-
stände hinweg zu erhalten, wird sie verkümmern.

Es geht hier nicht um eine Stärkung des Ego, die sich aus einer
Anspruchshaltung von »ich« und »meins« nährt. Indem Sie sich selbst
im Sinne von Empowerment stärken, stärken Sie auch die anderen.

Es ist ein Irrtum, zu glauben, Macht oder Stärke seien nicht spirituell.
In der Quelle ruht ein Feld endloser Möglichkeiten. Der Weg zum
Erfolg ist gespickt mit Chancen. Ihre Seele entfaltet beide gleichzei-
tig. Durch das, was Sie als Wirklichkeit manifestieren, bestätigt sich
Ihnen Ihre Macht.

Es gibt jedoch auch eine dunkle Seite der Macht. Wir nennen sie den
Schatten. Ärger, Angst, Neid, Gier und Aggressionen können Führen-
den Probleme bereiten, ihre guten Absichten verzerren und ihre Ideale
trüben. Sie müssen sich Ihres Schattens bewusst sein, dann können Sie
ihn entschärfen, indem Sie das Licht und die Dunkelheit integrieren.
Wenn Sie das Bedürfnis nach dem Kampf zwischen Gut und Böse,
Licht und Dunkel transzendieren, steht Ihnen die Kraft der Seele voll
zur Verfügung. Das ist die Macht der Ganzheit.

J eder Führende braucht Macht, doch nichts bringt *mehr* Probleme. Ohne Macht geht nichts. Wenn Sie nicht die Kraft haben, Ihre Ziele zu erreichen, bleibt Ihre Vision unwirksam. Sie müssen eine realistische Vorstellung davon haben, wie Kraft und Macht funktionieren, bevor Sie sich erfolgreich selbst ermächtigen und dann entdecken können, wie Sie andere »selbstermächtigen« – was das Beste ist, das Führende tun können. Gebrauch und Missbrauch von Macht sind eng miteinander verquickt. Im Verlauf der Geschichte lässt sich beobachten, dass die Macht bestimmten Prinzipien folgt, wie sich gut an vergangenen und modernen Führungsgestalten ablesen lässt:

> Macht wird immer mehr. Je mehr Macht eine Führungsperson hat, desto mächtiger wird sie.
> Die Mächtigen steigen nur auf, um zu fallen. Je höher ein Führender aufsteigt, desto unvermeidlicher ist sein Sturz.
> Macht korrumpiert. Viele Führende brechen in bester Absicht auf und tun am Ende Böses.
> Macht macht außergewöhnlich. Der gewöhnliche Mensch überlässt seine Macht willentlich oder unwillentlich einer Handvoll Machthungriger und bleibt machtlos zurück.

Diese Prinzipien werden jeden Tag ausagiert. Man braucht nicht auf die große Bühne der Geschichte zu schauen, um sie am Werk zu sehen. Schon im Sandkasten wird deutlich, wer die Rüpel sind und wer die Opfer, wer gibt und wer nimmt, wer stark ist und wer schwach. Das Geschlechterverhalten wird, wie uns die Psychologen sagen, schon in der frühen Kindheit geprägt: Jungen lernen, Macht auszuüben, und Mädchen lernen, der Macht zu gefallen, indem sie sich hübsch und gefällig verhalten. Doch selbst solche einfachen Aussagen über Kleinkinder führen zu Kontroversen. Wer will schon hören, dass er oder sie zu den Schwachen gehört, nicht zu den Starken; dass es ihr als Mädchen bestimmt ist, eine geringere Position einzunehmen als ein Junge? Macht macht immer Ärger.

Führen mit Seele bedeutet, diese schwierigen Themen mit Bewusstsein anzugehen. Mit erweitertem Bewusstsein sieht man, dass die Muster der Macht weder fix noch unvermeidlich sind. Jedes der vier Prinzipien kann umgekehrt und in etwas Menschlicheres transformiert werden.

Macht wird immer mehr: Die Umkehrung dieses Prinzips bedeutet, persönliche Macht gegen transpersonale Macht einzutauschen. Jeder verfügt über transpersonale Macht. Sie beruht auf Empathie, Mitgefühl, Gelassenheit und dem Streben, jenseits des Ego seine eigene tiefere Identität zu finden.

Die Mächtigen steigen nur auf, um zu fallen: Um dieses Prinzip umzukehren, müssen Sie sich in Ihrem beständigen, immer gegenwärtigen Sein verankern. Diese Energie bildet den Grundantrieb des Universums auf der Ebene der Quantenfelder, dem unsichtbaren Anfangspunkt aller Dinge. Hier sind alle Möglichkeiten gleichwertig. Wenn Sie in jeder Situation das volle Potenzial hervorbringen können, wird Ihre Kraft beständig sein, ohne das Risiko, zu hoch aufzusteigen oder zu fallen.

Macht korrumpiert: Um dieses Prinzip umzukehren, gilt es, von Ihrem Schatten zu lernen und seinen negativen Einfluss in etwas Positives zu wenden. Jede Führungsrolle hat ihre dunkle Seite. Sind Sie sich dessen nicht bewusst, kann die dunkle Seite zur persönlichen Korruption führen. Doch die Energien des Schattens – Ärger, Groll, Selbstsucht, Gier und Neid – gehören zum Leben als Ganzes. Sie repräsentieren den zerstörerischen Aspekt der Natur, ohne den es keine neue Schöpfung geben könnte. Wenn Sie den Schatten kreativ nutzen – und das ist sein eigentlicher Daseinszweck –, wird Sie die Macht nicht korrumpieren können.

Macht macht außergewöhnlich: Dieses Prinzip kehren Sie um, wenn Sie anderen Macht geben, indem Sie ihnen zeigen, dass sie Ihnen gleich sind. Macht ist universell. Dieselbe Energie, Kreativität und Ordnung wirken in einem Atom und in einer Galaxie, in einem Einzeller und im menschlichen Gehirn. Wir lassen uns von der äußeren Form täuschen und übersehen die verborgene, unsichtbare Ebene, aus der Macht und Kraft hervorgehen. Wenn Sie das Wissen darum weitergeben, können Sie anderen helfen, ihre Kraftquellen in sich selbst zu aktivieren. Dann sind wir alle außergewöhnlich und nicht nur einige wenige.

Wenn Sie alle vier Prinzipien umgekehrt haben, sind Sie vollständig in Ihrer Macht. Empowerment ist jedoch nicht das eigentliche Ziel. Machtlosigkeit bringt zwar viele Probleme mit sich, doch der Missbrauch von Macht ebenfalls. Macht muss mit tieferen Werten verbunden sein. Wenn wir uns umschauen, sehen wir eine Welt, in der Militärmächte an der Herrschaft sind und die Schwachen verfolgt werden, eine Welt voller Schrecken, Tyrannei und Unterdrückung. Sie können dazu beitragen, diese Schrecken zu mindern, aber dazu müssen Sie bereit sein, sich der Macht bewusst zu stellen, hier und jetzt.

Persönlich oder transpersonal?

Das erste Prinzip, das wir umkehren wollen, ist: »Macht wird immer mehr.« Für viele Führende liegt darin eine schreckliche Versuchung, weil sie von ihrem Bedürfnis angetrieben werden, zu bestimmen, zu kontrollieren, alles zu entscheiden. Ihre Vision mag wohltätig sein – alle Tyrannen meinen, sie dienten nur dem Guten –, aber hier geht es eigentlich nicht um Gut oder Schlecht. Das Thema ist das Ego, das gar keine Begründung dafür braucht, mehr zu wollen. Wenn »ich« und »meins« das Wichtigste ist, identifiziert sich der Führende mit seiner Position und seinem Status. Da das Ego von Natur aus verunsichert ist, ist es ihm unmöglich, sich stark zu fühlen, ohne andere schwach zu machen. Aus Sicht des Ego gibt es in jedem Wettstreit Sieger und Verlierer, und wenn der Sieger sich rühmt, wird der Verlierer beschämt.

Verankern Sie sich in transpersonaler Macht, bevor Sie Ihr Ego sabotieren kann. Transpersonale Macht beruht nicht auf dem Ego. Sie existiert in jedem gleich. Transpersonal bedeutet »jenseits des Persönlichen« oder »allen gemeinsam«. Durch den Einsatz universeller Qualitäten werden Sie zum Ersten und Gleichen. Ihre Position als Erster entsteht, wenn Sie das verkörpern, wonach sich alle sehnen. Mit Ihrer Macht bedrohen Sie andere dann nicht, sondern inspirieren sie. Sie üben transpersonale Macht aus, wenn Sie anderen Dinge vermitteln, die allgemein am meisten ersehnt werden. Aus einer Studie, in der Tausende danach befragt wurden, was Sie sich von einer Führungsperson am meisten wünschen, gingen vier Qualitäten als die stärksten hervor: Vertrauen, Mitgefühl, Stabilität und Hoffnung. Wenn Ihre Macht daher rührt, dass Sie diese Qualitäten ausstrahlen, dann ist sie nicht mehr persönlich, sondern transpersonal.

Vertrauen: Die Menschen wollen den Führenden vertrauen können. Sie wollen sich sicher sein, dass sie nicht manipuliert oder in die Irre geführt werden. Vertrauen ist ein unsichtbares Band. Es sagt: »Ich kann nicht sehen, was du tust, ich kann dich nicht überprüfen, aber das spielt keine Rolle. Mein Vertrauen in dich reicht mir.« Die Leute müssen darauf vertrauen können, dass »die da oben« kompetent sind und zuverlässig zu ihrem Wort stehen.

Indem Sie allen gegenüber offen sind, keine Geheimniskrämerei betreiben, Situationen realistisch beschreiben und beweisen, dass Sie die praktischen Schritte unternehmen, die den Herausforderungen angemessen sind, zeigen Sie, dass man Ihnen die Führung und die Macht anvertrauen kann. Ein nicht vertrauenswürdiger Führender tut das Gegenteil: Er legt größten Wert auf Geheimhaltung, erinnert immer wieder daran, dass man ihn fürchten sollte, und erzählt die Geschichte so, dass seine Macht erhalten bleibt, und nicht, wie sie wirklich ist.

Die Instrumente zur Entwicklung von Vertrauen sind Ehrlichkeit, Freimütigkeit und Kompetenz.

Mitgefühl: Mitgefühl gibt Menschen das Gefühl, dass sich jemand um sie kümmert. Es betont die allen gemeinsame Menschlichkeit und bewahrt eine Gruppe vor dem Auseinanderfallen. Wenn Schwierigkeiten auftauchen, gibt es immer eine Spannung zwischen »Jeder kämpft für sich allein« und »Wir müssen jetzt zusammenhalten«. Empathie und Egozentrik geraten in Konflikt. Eine Führungsperson kann diesen Konflikt durch Mitgefühl auflösen. Zeigen Sie Ihr Mitgefühl mit dem Schmerz von jedem Einzelnen, damit inspirieren Sie den Zusammenhalt in der Gruppe. Jeder fühlt sich zu Mitgefühl motiviert. Wenn Sie wissen, wie es sich anfühlt, in der Haut eines anderen zu stecken, gibt es keine andere Wahl als Respekt.

Bei Empathie geht es jedoch nicht nur um Schmerz. Sie fühlen auch mit der Freude der anderen mit; ihre Erfolge sind die Ihren und umgekehrt. Mit Empathie schließen Sie die Lücke, die die einzelnen Personen voneinander trennt. Mitgefühl mag Ihnen passiv oder »weich« vorkommen, aber es führt zu starker Loyalität. Man bietet sich gegenseitig Hilfe an, man ist einander dankbar. Wenn Menschen für das, was sie gemeinsam haben, dankbar sind, ist die Grenze vom Persönlichen zum Transpersonalen überschritten worden.

Die Instrumente zur Entwicklung von Mitgefühl sind Empathie, Respekt und Dankbarkeit.

Stabilität: Die Seele ist friedvoll, ruhig und fähig, sich an alle Veränderungen anzupassen. Dies sind transpersonale Qualitäten, die tief in unserem Wesen wurzeln. Als Führungsperson müssen Sie diese Qualitäten ausstrahlen, damit andere sich stabil fühlen. Instabilität drückt Unsicherheit aus und gibt anderen das Gefühl, auf unsicherem Boden zu stehen, was leicht Panik auslösen kann (deshalb können die Märkte eine Bank allein durch das Gerücht ungenügender Rücklagen in den Ruin treiben).

Der grundlegendste Aspekt der Stabilität ist Überleben. Zunächst einmal müssen Sie wissen, dass Sie für Ihre Arbeit Ihren Lohn erhalten werden. (Wie Gallup-Umfragen ergeben haben, ist das engagierte Arbeiten bei Mitarbeitern, die an die Stabilität ihres Unternehmens glauben, neunmal höher.) Doch als Führungskraft müssen Sie noch eine tiefere Ebene der Stabilität bedienen. Wird die Situation brenzlig, kann die damit verbundene Verunsicherung viel Stress auslösen. Alle fühlen sich auf verlorenem Posten. Um dieser Isolation entgegenzuwirken, bietet die Führungskraft

Unterstützung an. Das Versprechen »Ich werde immer für euch da sein« wird in die Tat umgesetzt. Diese Zuverlässigkeit wirkt der Unsicherheit entgegen. Die Führungsperson wird sich nicht plötzlich abwenden und nur um sich selbst kümmern. Durch ihre Präsenz hat sie einen beruhigenden Einfluss. Sie wirkt wie ein schützender Hafen und ermöglicht es den anderen, diese Qualitäten auch in sich zu finden. So wird aus persönlicher Führerschaft transpersonale Führerschaft.

Die Instrumente zur Entwicklung von Stabilität sind Zuverlässigkeit, Unterstützung und Frieden.

Hoffnung: Hoffnung ist nicht greifbar, weil sie auf Glauben beruht. Die Rolle von Führenden besteht darin, ein Vorbild für diesen Glauben zu sein. Sie halten die Hoffnung auf eine bessere Zukunft aufrecht, obwohl vielleicht niemand sonst sie sehen kann. Hoffnungslosigkeit, der Verlust jeder positiven Vision der Zukunft, ist die tragischste Entwicklung, die ein Leben nehmen kann. Das Leiden von heute kann die Hoffnung auf das Morgen zerstören. Aber auf der Seelenebene ist die Zukunft stets offen, denn es können sich immer ungeahnte Möglichkeiten ergeben. (Bei der Gallup-Umfrage wurden die Arbeitnehmer auch gefragt, ob ihre Chefs sie im Hinblick auf die Zukunft ermutigten. Von denen, die darauf mit Ja antworteten, waren 69 Prozent in ihrer Arbeit engagiert, und nur 1 Prozent derer, die mit Nein antworteten, engagierten sich in ihrer Arbeit.)

Als Führungsperson müssen Sie für Verheißungen am Horizont sorgen. Verheißungen erzeugen Kraft. Die Leute erkennen das instinktiv und klammern sich an solche Hoffnungen, vor allem wenn eine Krise aussichtslos erscheint. Ein Führender darf niemals die Flamme der Hoffnung verlöschen lassen, auch wenn es noch so stürmt und tobt.

Einem anderen Menschen mit inspirierenden Worten Hoffnung zu spenden, ist nur der Anfang. Wenn wir die Hoffnung aufgeben, geht uns auch die Orientierung verloren. Ein Führender muss dann eine klare Richtung vorgeben und sie Schritt für Schritt erklären. Nach einer Weile können die Leute dann wieder selbst die Richtung finden, und allein das ist dann ein Zeichen der Hoffnung; aber bis dahin müssen Sie diese Hoffnung stiften. Arbeiten Sie intensiv daran, die Gruppe durch all die Genesungsbemühungen zu begleiten, die auf eine Krise folgen. Zeigen Sie auch Respekt für die geschwächte Position, in der sich die Leute befinden. Helfen Sie ihnen, ihre Scham- oder Schuldgefühle zu bewältigen. Helfen bedeutet hier unter anderem, die Werte hochzuhalten, die Schaden erlitten haben, zum Beispiel Selbstbewusstsein, Kompetenz und Selbstwertgefühl. Indem Sie zeigen, dass Sie diese Werte in anderen sehen, werden diese auch wieder anfangen, sie in sich selbst zu erkennen. Indem Sie anderen einen konkreten Weg zeigen, wie es weitergehen kann, geben Sie ihnen einen Grund, daran zu glauben. Das ist dann der Beweis dafür, dass Sie sich im Bereich des Transpersonalen befinden, da Glauben auf dem Vertrauen in eine höhere Kraft beruht, wie auch immer Sie diese definieren möchten.

Die Instrumente für Hoffnung sind Ausrichtung, Orientierungshilfe und Glauben.

Dauerhafte Macht

Das zweite Prinzip, das es umzukehren gilt, ist: »Die Mächtigen steigen nur auf, um zu fallen.« Es gibt viele Gründe, zu stürzen. Machthungrige Menschen machen sich Feinde, die ihnen an den Kragen wollen. Sie sind schon von Anfang an unsicher und sorgen selbst für ihren Sturz mit schmutzigen Geschäften und heimlichen Manipulationen. Ihr Ego ist so verunsichert und mit der Errichtung eines übergroßen Selbstbildes beschäftigt, dass es seine Fehler nicht bemerkt und dass sein Selbstbild irgendwann implodiert. Doch für die Seele ist das alles sekundär. Spirituell betrachtet bedeutet »Macht suchen«, sie zu verlieren, denn Sie sind bereits das, was Sie suchen. Der große bengalische Dichter Rabindranath Tagore hat das wundervoll in Worte gefasst: »Die Suchenden klopfen an die Tür. Den Liebenden steht sie offen.« Liebe ist ein Aspekt des Seins. Wenn Sie aus dem Sein heraus agieren, haben Sie grenzenlose Kraft, denn dann kommt sie aus der Quelle. Diese Art von Kraft ist beständig. Sie steigt nicht und sie fällt nicht. Um sich auf sie verlassen zu können, müssen Sie keine Gipfel erklimmen.

Stellen Sie sich drei Führungspersonen vor, die dasselbe Ziel verfolgen: ein Unternehmen aufzubauen, eine Brücke zu errichten, eine neue Idee oder Erfindung zu verbreiten:

Führungsperson A ist ein Mensch der Tat: Sie knüpft Verbindungen zu Menschen, die ihr helfen können, ihr Ziel zu erreichen. Sie stellt eine gute Mannschaft zusammen. Sie kann andere für ihr Projekt begeistern. Ihr Tag ist mit Terminen und Entscheidungen vollgepackt. Sie ist der Dreh- und Angelpunkt aller Aktivitäten. Sie trifft alle Entscheidungen und macht sich in kürzester Zeit unentbehrlich. Diese Art von Machtausübung kann sehr effektiv sein, aber sie ist auch sehr unsicher. Auf jede in dieser Weise erfolgreiche Person kommen viele Menschen, die es nicht geschafft haben. Vielleicht sind sie von jemand Stärkerem, Charismatischerem ausgestochen worden, vielleicht konnten sie auf die Dauer nicht die Energie und Zeit aufbringen, die für einen solchen Weg nötig sind und die allmählich alles verschlingen. Macht, die auf Tun aufbaut, kann einem entzogen werden, und selbst wenn nicht, stehen Sie jeden Tag vor Ungewissheiten, denn die Welt ist voller Risiken.

Führungsperson B ist eher ein Kopfmensch: Sie könnte die Macht hinter dem Thron sein, der Urheber der Ideen, der die Ausführung lieber anderen überlässt. Ihre Stärke ist das Analysieren. Sie wägt Optionen ab, beobachtet andere Menschen und zieht ihre Schlüsse. Sie lässt sich nicht vom Auf und Ab des Alltags aus dem Gleichgewicht bringen. Sie ist distanzierter, aber auch isolierter. Darunter leiden möglicherweise die persönlichen Beziehungen. Gefolgsleute, die ihre Ideen bewundern, wandern ab, wenn ihnen bessere Ideen über den Weg laufen. Doch der Kopfmensch ist sicherer als der Mensch der Tat, weil er sich auf seinen Verstand verlassen kann. Er ist tiefer verankert als nur in persönlichen Verbindungen und dem täglichen Anspruch, die Dinge in Bewegung zu halten.

Führungsperson C hingegen wurzelt im Sein. Sie setzt weder auf Tun noch auf Denken. Ihre Existenz ist darauf fokussiert, dem rechten Weg zu folgen, wo auch immer er hinführt. Sie muss nicht wie der Tatmensch ständigen Anforderungen gewachsen sein, und ihr bleibt die Isolation des Denkers erspart, der Tatmenschen braucht, um seine Ideen zu verwirklichen. Führungskräfte, die im Sein wurzeln, erscheinen ihrer Umwelt oft etwas mysteriös. Die anderen können nicht ganz verstehen, wie sie auch in Krisensituationen so ruhig bleiben können und wie sie sich entscheiden, manchmal den Dingen einfach ihren Lauf zu lassen und zu anderen Zeiten sofort einzugreifen. Solche Führungspersonen werden zu erfolgreichen Visionären, weil sie selbstlos genug sind, um sich von ihrer Seele führen zu lassen. Sie können nicht abstürzen, weil sie kein Bedürfnis danach haben, aufzusteigen. Sie wollen einfach sehen, wie sich ihre Vision entfaltet. Von daher geht es bei ihnen um Erweiterung und nicht um Aufstieg.

Um auf diese Art zu führen, muss sich Ihr ganzes Handeln um die Erweiterung des Bewusstseins drehen. In den vorigen Kapiteln wurde gezeigt, wie Sie sich mit dieser Ebene des Seins verbinden können. Jetzt geht es darum, das Sein in Ihr tägliches Leben einfließen zu lassen. Natürlich ist das für Ihre alte Art zu leben eine Herausforderung. Finden Sie Ihren Weg, und das Sein wird die Veränderung bewirken, die Sie sich wünschen. Es gibt dann keinen Grund mehr, gegen die Konditionierungen Ihrer Vergangenheit und Ihre Gewohnheiten anzukämpfen. Stattdessen kommt es zu einem natürlichen Wandel. Um diesen Wandel zu unterstützen, können Sie Folgendes tun:

Wie Sie Ihr Sein fördern können

- Bitten Sie innerlich um Rat, bevor Sie eine Entscheidung fällen. Seien Sie geduldig und warten Sie die Antwort ab.
- Handeln Sie nur, wenn Sie sich ruhig fühlen und sich der Sache gewiss sind.
- Vertrauen Sie darauf, dass es einen richtigen Weg gibt.
- Vertrauen Sie darauf, dass Sie mit Ihrem Sein verbunden sind und dass es immer weiß, was zu tun ist.

- Kämpfen Sie nicht gegen Widerstände an, weder gegen innere noch gegen äußere. Tun Sie, was nötig ist, um den Widerstand aufzulösen und in Zustimmung zu verwandeln. Wenn der Widerstand bestehen bleibt, treten Sie einen Schritt zurück und lassen Sie sich Zeit.
- Lassen Sie sich ganz ein und üben Sie sich gleichzeitig in Gelassenheit.
- Ruhen Sie in der Gewissheit, dass Sie größer sind als jedes Ergebnis, sei es gut oder schlecht.
- Identifizieren Sie sich mit dem größeren Zusammenhang und nicht mit den Details.
- Glauben Sie daran, dass sich Ihre Bewusstheit grenzenlos ausdehnen kann. Es ist nicht egozentrisch, zu sagen: »Ich bin das Universum« – es ist die Wahrheit Ihrer Seele.

Reine Macht

Das dritte Prinzip, das es umzukehren gilt, ist: »Macht korrumpiert.« Falls Sie glauben, dass es der Natur des Menschen entspricht, selbstsüchtig und gierig zu sein, wird Ihnen die Korruption von Macht unausweichlich erscheinen. Aber vielleicht ist diese Annahme falsch. Wenn die Natur des Menschen nicht festgeschrieben ist, haben wir die Wahl. Sie können sich entscheiden, Ihren Idealen und Ihrer Vision treu zu bleiben. Der Trick besteht darin, sich dem Entweder-oder-Denken zu entziehen, denn viele meinen, man ist *entweder* mächtig *oder* ein Idealist. Es ist möglich, gleichzeitig Visionär *und* Realist zu sein. Auf der Ebene des Seins sind Ihre Vision und der Weg zu ihrer Umsetzung eins. Wenn Sie diese Verbindung halten, wird die Macht dem Idealismus dienen, statt ihn zu korrumpieren.

Die dunkle Seite der menschlichen Natur, der Schatten, ist jener Bereich der Psyche, wo Ärger, Angst, Gier, Neid und Gewalt verborgen gehalten werden. Handelt ein Führender seelenlos, hat sein Schatten über ihn triumphiert. Er hat aufgehört, sich die einfache, grundlegende Frage zu stellen: »Wer bin ich wirklich?« Der

Schatten führt zu enormen Problemen; es gibt kaum ein menschliches Elend, das nicht dort seine Ursache hat. Wenn Sie etwas nicht anschauen wollen, hat es Macht über Sie. Sie mögen fest entschlossen sein, nur Gutes zu tun – sofern Sie sich Ihres Schattens nicht bewusst sind, wird es nur zu Verdrängung führen. In einem Zustand der Verdrängung werden Sie in der äußeren Welt mit allen möglichen negativen Auswirkungen konfrontiert, ohne recht damit umgehen zu können. Negativität lässt sich nur bewältigen, indem sie in die Gesamtheit des Lebens integriert wird. Wenn Sie sich darin verfangen haben, Gutes und Schlechtes, Licht und Schatten voneinander zu trennen, können Sie die Rolle des Guten spielen, aber das Schlechte wird sich Ihnen immer wieder entgegenstellen. Mit Seele führen bedeutet, einen Weg zu finden, Gegensätze zu vereinen und für das Leben als Ganzes einzustehen.

Beginnen Sie damit, sich dessen bewusst zu sein, dass zu jeder Rolle, die Sie als Führungsperson einnehmen, auch ein bestimmter Schatten gehört.

Der **Schatten der Beschützenden** liegt in der Versuchung, zum Tyrannen zu werden. Sie fördern die Angst und Bedrohung, statt sie aufzulösen. Sie wollen spüren, wie sehr sie von den »kleinen Leuten« gebraucht werden. Ihre überragende Bedeutung dient ihnen dazu, ihren Missbrauch anderer zu rechtfertigen. Um sich an der Macht zu halten, übertreiben sie die Gefahren und erfinden sogar neue Gegner und Rivalen. Ihr hässliches Ende ist gekommen, sobald sie gewaltsam gestürzt werden.

Gegenmaßnahme: Achten Sie auf alle Zeichen in sich, die auf Autoritarismus, Selbstherrlichkeit, unbeherrschten Zorn, Gier nach Schmeicheleien oder paranoide Ängste vor Gefahren hinweisen. Dies sind die Samen der Tyrannei.

Der **Schatten der Leistungsstarken** zeigt sich in jener Erfolgssucht, die von einem unersättlichen Verlangen nach *mehr* angetrieben wird. Dahinter steckt eine noch größere Angst, zu verlieren. Diese Angst trübt das Unterscheidungsvermögen. Eine solche Person fängt an, mit immer größeren Risiken zu spielen – wegen ihrer

Sucht muss der nächste Siegesrausch immer stärker sein als der vorige. Sie verliert das Gefühl für Angemessenheit und damit die Verbindung zu den anderen. Erfolg bedeutet ihr mehr als Familie oder Freunde. Sie meint zwar, immer noch alles unter Kontrolle zu haben, aber als Süchtige geht sie unweigerlich irgendwann ein Risiko ein, dem sie nicht gewachsen ist. Darüber stürzt sie dann selbst und reißt oft noch andere mit.

Gegenmaßnahme: Achten Sie darauf, ob Sie in Begegnungen mit anderen vor allem darauf schauen, wer gewinnt und wer verliert; ob Sie ständig um Ihr Selbstbild besorgt sind; ob Ihr Ehrgeiz auf Kosten der Familie und Ihrer Freundschaften geht; oder ob Sie ständig über Ihre Konkurrenz nachdenken. Dies sind die Samen der Erfolgssucht.

Der **Schatten derer, die das Team formen,** zeigt sich in einer Angepasstheit, die auf der Angst gründet, nicht dazuzugehören. Ihr Hauptinteresse gilt den Reaktionen der anderen; sie können es nicht ertragen, andere zum Feind zu haben oder kritisiert zu werden. Konformisten bekämpfen jeden, der aus der Gemeinschaft herausragt. Ihr Bedürfnis, jeden zufriedenzustellen, führt dazu, dass sie Blockierer und Opportunisten übersehen. Sie fördern nicht die Zusammenarbeit, sondern das allgemeine Wohlgefühl. Ihr Ende kommt, wenn ein klügerer, tatkräftigerer Teamführer die Zügel übernimmt.

Gegenmaßnahme: Achten Sie darauf, ob Sie dazu neigen, mit allem einverstanden zu sein, jede Unruhe zu vermeiden, gegen Ihr Gewissen zu handeln, andere um ihre besonderen Talente und Fähigkeiten zu beneiden. Dies sind die Samen der Konformität.

Der **Schatten der Zugewandten** zeigt sich in Urteilen, die aus der Angst rühren, nicht gut genug zu sein. Diese Angst wird nach außen projiziert, indem andere für falsch gehalten werden, um selbst richtig zu sein. Statt sich in andere einzufühlen, sagen ihnen die Zugewandten, wie sie sich fühlen sollten. Wenn die echten Beziehungen dann abbröckeln, ziehen sie eine Show der Warmherzigkeit und der Verbundenheit ab und versuchen, ihre geheimen Vorurteile zu verbergen. Sie können es sich nicht leisten, dass jemand merkt, wie sehr sie ihn verurteilen. Doch irgendwann fliegt die Heuchelei auf und sie stürzen darüber, dass ihr Doppelleben offenkundig wird.

Gegenmaßnahme: Achten Sie auf Anzeichen, dass Sie Ihre Vorurteile verstecken, anstatt sie offen anzusprechen, dass Sie Vorlieben hegen, geheime Absichten verfolgen oder so tun, als seien Sie besser, als Sie sind. Das sind die Samen des Verurteilens.

Der **Schatten der Innovativen** zeigt sich als eine Art von Egozentrik, die auf der Angst vor Risiken beruht. Statt sich neuen Ideen zu öffnen, ruhen sich diese Menschen auf ihren vergangenen Leistungen aus. In ihrer Vorstellung haben sie einen großartigen Ruf. Sie gieren nach Anerkennung – sie möchten von jedem als Meister ihres Fachs angesehen werden. Um ihre Unfähigkeit, Chancen wahrzunehmen, zu verbergen, haben sie aufgehört, ins Unbekannte vorzudringen. So fallen sie hinter ihre Zeit zurück und verenden verstaubt am Straßenrand.

Gegenmaßnahme: Achten Sie an sich selbst auf alle Anzeichen für Spießigkeit, Eifersucht, Gier nach Aufmerksamkeit, Verunsicherung bezüglich Ihres Rufs und einen Widerwillen gegen neue, unerprobte Ideen. Dies sind die Samen der Ich-Bezogenheit.

Der **Schatten der Transformierenden** zeigt sich in einer Verzweiflung über den zähen Widerstand der Gesellschaft gegen Veränderungen. Statt der Hoffnung, die alle Transformierenden ausstrahlen müssen, nagt die Depression an ihnen. Ihre Rückschläge empfinden sie als persönliche Niederlagen. Die moralischen Schwächen anderer enttäuschen sie, aber ihre größte Enttäuschung sind sie selbst. Ihre hohen Ideale haben Schaden genommen; wieder und wieder bäumen sie sich gegen die Widerstände auf, doch ohne Erfolg. Ihr Ende kommt nicht, weil die reaktionären Kräfte die Hand gegen sie erheben, sondern weil ihrer Mission die Kraft ausgeht.

Gegenmaßnahme: Achten Sie auf Neigungen zu persönlichen Schuldgefühlen, Zynismus, Depression oder zu einer Resignation, die meint, es würde sich nie etwas verändern. Dies sind die Samen der Verzweiflung.

Weise und wahrlich Sehende haben keinen Schatten. Sie haben ihre dunkle Seite offengelegt und sich von ihr gelöst. Doch ihre Befreiung kann andere misstrauisch machen. Es ist für manche schwer, zu glauben, dass die Weisen nicht irgendeine Schwäche verbergen und dass Seher keinen blinden Fleck haben. Doch Weisen und wahrlich Sehenden können weder Kritik noch offene Angriffe etwas anhaben. Sie akzeptieren jeden Aspekt des menschlichen Daseins. Die Reise der Weisen geht nie zu Ende. Sie gehen immer vorwärts, um Leiden in Freude zu verwandeln. Für sie ist das Leiden der Welt nur eine Maske der ewigen Seligkeit.

Sobald Sie sich Ihres Schattens bewusst geworden sind, geht es im nächsten Schritt darum, ihn zu entschärfen. Ihm zu widerstehen, ihn zu bekämpfen, sich davonzustehlen oder ihn zu leugnen – all das funktioniert nicht. Der Schatten mag sich wie ein Feind anfühlen, doch in der Natur entsteht aus Zerstörung neues Leben. Die Ganzheit des Lebens beruht auf der Versöhnung dieser beiden Kräfte. Ärger, Angst, Groll, Neid und Gier zeigen sich in Ihnen als negative Kräfte, weil sie nicht integriert sind. Ihr »gutes Ich« und Ihr »schlechtes Ich« befinden sich im Krieg miteinander. Solange Sie diesen Krieg nicht beenden, bleibt Ihnen kein anderer Weg, als zu kämpfen. Die Samen des Ärgers und der Angst werden wachsen, und weil sie das im Verborgenen, im Dunkeln tun, entfernen sie sich immer mehr vom Licht. Zunehmende Isolation führt dazu, dass aus natürlichen Ausdrucksformen der zerstörerischen Kräfte Untergrundkämpfer werden, die, wo immer sie können, planlos Schaden anrichten.

Um über diesen Kampf mit dem Schatten hinauszuwachsen, muss es Ihr Ziel sein, Ihr »gutes Ich« und Ihr »schlechtes Ich« miteinander zu integrieren. Ihre Seele kennt keine Gegensätze. Wenn Sie danach streben, jeden Aspekt Ihrer selbst vollständig zu integrieren, tun Sie genau das, was Ihre Seele will.

Das Verschmelzen mit dem Schatten

▧ Achten Sie auf Gefühle wie Ärger, Ängstlichkeit, Neid, Kummer und Selbstsucht.

▧ Nehmen Sie diese Gefühle als einen Teil Ihrer selbst an.

▧ Vergeben Sie sich, dass Sie einen Schatten haben.

▧ Übernehmen Sie Verantwortung für Ihre Gefühle. Projizieren Sie sie nicht auf andere, beschuldigen Sie andere nicht und lassen Sie Ihre Negativität nicht an anderen aus.

▧ Schwören Sie jeglicher Form von Gewalt und Aggressivität ab.

▧ Wenn Sie spüren, dass eine negative Emotion auftaucht, setzen Sie sich ruhig hin und spüren Sie in Ihren Körper hinein. Bitten Sie darum, dass die Emotion sich auflöst, das heißt, dass Sie sie loslassen, wie lange es auch dauern mag.

▧ Vertrauen Sie darauf, dass alle Spuren von Angst, Ärger, Kummer sich lösen können. Holen Sie sich nach Möglichkeit die Unterstützung eines ausgebildeten Psycho- oder Körpertherapeuten bzw. von jemandem, der erfahren darin ist, alte Traumata und Wunden zu heilen.

▧ Widerstehen Sie dem Drang, diese Gefühle, für die Sie sich verurteilen, zu verdrängen. Wenn Sie sie aus Ihrem Blickfeld drängen, werden sie Sie nur sabotieren.

▧ Hüten Sie keine Geheimnisse. Finden Sie jemanden, dem Sie alles sagen können, und holen Sie dann, wenn es angemessen ist, das »schlechte Ich« ans Tageslicht, um es zu betrachten.

▧ Bearbeiten Sie Ihren Schatten Schritt für Schritt. Es ist sehr viel leichter, einen starken negativen Aspekt Ihrer selbst – zum Beispiel eine unkontrollierbare Angst, haarsträubende Wutausbrüche oder einen tiefen nagenden Groll – Stück um Stück abzutragen, als ihn insgesamt zu konfrontieren. Diese unkontrollierbaren Neigungen stammen aus alten Überzeugungen, Kindheitserfahrungen, belastenden Geheimnissen, versteckten Schuld- und Schamgefühlen, Selbstverurteilungen, Einflüssen der Umgebung (z.B. Stress, Familienzwist, Missbrauch oder Niederlagen bei der Arbeit) oder auch aus abergläubischen Konzepten wie dem Glauben an das Böse oder den Teufel.

Wenn Sie sich einem Aspekt nach dem anderen zuwenden, kann selbst die machtvollste Schattenenergie allmählich entschärft werden.

Gleiche Macht für alle

Das letzte Prinzip, das es umzukehren gilt, ist: »Macht macht außergewöhnlich.« Zweifellos fühlt es sich gut an, sich für etwas Besonderes zu halten, und Führungskräfte, die zu Macht gekommen sind, können gar nicht anders, als sich besonders zu fühlen. Das muss auch nicht umgekehrt werden. Vielmehr gilt es, die Überzeugung des Ego zu korrigieren, dass nur »ich« besonders bin. Alle Kraft, alle Macht stammt aus einer universellen Quelle. Jeder trägt ein unendliches Potenzial in sich, und wenn es freigesetzt wird, findet es die Unterstützung des Universums oder auch nicht. Als Führungskraft ist es Ihre Aufgabe, andere auf den Weg zu führen, den das Universum favorisiert. Sie tun das auf dieselbe Art wie bei sich selbst, nämlich durch die Verbindung zu Ihrer Seele.

Sie können niemanden dazu zwingen, sich mit seiner Seele zu verbinden, aber Sie können andere inspirieren, ihre eigene Motivation zu finden. Wir haben bereits einige der wesentlichen Faktoren dafür besprochen: als Vorbild wirken, emotionale Verbindungen knüpfen, Vertrauen aufbauen, Mitgefühl, Zuverlässigkeit und Hoffnung. Doch die Leute, die Sie führen, können erst anfangen, Schritte auf ihrem eigenen Weg zu gehen, wenn sie sich mit ihrem Besten identifizieren. Es hilft ihnen nicht weiter, zu versuchen, Ihren Weg nachzuahmen.

Im Idealfall könnten Sie alle in Ihrem Team bitten, auf der Grundlage ihres Seelenprofils und ihrer Vision ihren persönlichen Leitspruch zu formulieren. So haben wir uns auch Ihrem eigenen Weg angenähert.

Sie können sich Studien wie die von Gallup zunutze machen, um damit die Stärken jedes Einzelnen genauer zu definieren. Im Gallup-Modell werden vierunddreißig spezifische Stärken aufgeführt. Je mehr unterschiedliche Stärken ein Team in sich vereint, desto größer sind seine Erfolgschancen.

Wenn Sie sich diesen Rat zu Herzen nehmen, können Sie anfangen, Macht mit anderen zu teilen, indem Sie lernen, nach welchen Stärken Sie Ausschau halten können.

Gehen Sie nicht davon aus, dass andere Menschen ihre Stärken kennen, aber seien Sie sich darüber im Klaren: Die anderen können ihre eigene Kraft nur entwickeln, wenn sie sie entdeckt haben. Betrachten Sie jede Person, die Sie einschätzen wollen, und ordnen Sie ihr drei der unten genannten Kategorien zu. Wenn Sie die Person nicht so gut kennen, können Sie auch nur zwei Kategorien wählen, aber besser wäre es, Sie tippen auch noch auf eine dritte und ändern sie notfalls, sobald Sie mehr erfahren haben.

21 persönliche Stärken, auf denen sich aufbauen lässt

Die Person ist …

1. **Fleißig:** Hat viel Ausdauer. Ist zufrieden, wenn sie geschäftig und produktiv sein kann.
2. **Sehr aktiv:** Drängt ungeduldig danach, vom Denken zum Tun zu kommen. Ist zufrieden, wenn sie zu einer Veränderung beitragen kann.
3. **Gut darin, andere in Fluss zu bringen und in Fluss zu halten:** Auf das Jetzt fokussiert und sehr anpassungsfähig. Ist zufrieden, wenn sie andere dazu inspiriert, sich selbst zu vertrauen und mitzumachen.
4. **Analytisch:** Untersucht jeden Aspekt einer Sache. Zuverlässig und sorgfältig in ihren Entscheidungen. Ist zufrieden, wenn sie forschen und recherchieren kann.
5. **Gut in der Planung:** Kann gut arrangieren und organisieren und ist offen für das, was andere brauchen. Ist aufrichtig und erwartet dasselbe von ihrem Gegenüber. Ist zufrieden, wenn sie viele Elemente zusammenbringen kann.
6. **Natürlich kommunikativ:** Kann Gedanken leicht in Worte

fassen und strahlt, wenn sie etwas präsentieren kann. Ist zufrieden, wenn sie anderen die positive Seite einer Situation oder das Positive in ihnen selbst zeigen kann.

7. **Wettbewerbsorientiert:** Misst sich daran, wie sie im Vergleich zu anderen abschneidet. Will als Beste(r) gelten. Findet Zufriedenheit darin, zu gewinnen, aber auch, sich an anderen zu messen, die sie bewundert.

8. **Uneitel und zuverlässig:** Hält sich an die Regeln. Behandelt andere gleichberechtigt. Ist zufrieden, wenn alle gleichermaßen geachtet werden.

9. **Besonnen bei Entscheidungen:** Kann auch mit empfindlichen Themen gut umgehen, weil sie alle Faktoren angemessen abwägt. Achtet vorausschauend auf mögliche Hindernisse. Ist zufrieden, wenn sie vernünftige Entscheidungen fällt, die wenig Risiko bergen, und nimmt sich Zeit, sicher von hier nach da zu kommen.

10. **Begabt in der Personalentwicklung:** Sieht das Potenzial in anderen und bringt es geduldig peu à peu zutage. Weiß, wem sie welche Aufgabe zutrauen kann, bevor es andere erkennen. Ist zufrieden, wenn sie sieht, wie die Leute aufblühen.

11. **Stark selbstdiszipliniert:** Liebt Routine und Struktur. Bricht nie aus. Ist zufrieden, wenn sie sich verantwortungsbewusst fühlt.

12. **Empathisch:** Kann gut mit schwierigen Situationen umgehen, wo andere mit widersprüchlichen Gefühlen kämpfen. Wird gerne aufgesucht, wenn jemand zum Zuhören gebraucht wird. Ist zufrieden, wenn sich ihr Gegenüber verstanden fühlt.

13. **Gut im Setzen von Prioritäten:** Hat einen starken Fokus und kann ein Projekt gut im Zeitplan halten. Kann entscheiden, was jeweils gerade wichtig ist. Erkennt nebensächliche Details und meidet Umwege. Ist zufrieden, wenn sie effizient auf das Ziel zuarbeiten kann.

14. **Gut im Herstellen eines Konsenses:** Mag keine Konflikte und strebt danach, Meinungsverschiedenheiten beizulegen. Hört gut zu und zeigt anderen den Wert guten Zuhörens. Ist

in jeder Verhandlung nützlich. Ist zufrieden, wenn es zu einer Vereinbarung kommt, die allen nützt.

15. **Voller Ideen:** Stellt leicht Verbindungen zwischen unterschiedlichen Dingen her. Absorbiert gerne so viele verschiedene Perspektiven wie möglich. Hat immer ein neues Konzept parat. Zieht ihre Zufriedenheit aus der Faszination an den Ideen.

16. **Experte:** Ist auf ein spezifisches Thema spezialisiert und weiß alles darüber. Verfügt über Autorität und wird von den Kollegen geachtet. Zieht ihre Zufriedenheit daraus, einen bestimmten Wissensbereich gemeistert zu haben.

17. **Ehrgeizig:** Immer auf der Suche nach Bestleistung. Bekommt andere dazu, sich selbst zu übertreffen. Nichts ist ihr gut genug, solange es nicht exzellent ist. Ist zufrieden, wenn sie ein Projekt auf den höchsten Qualitätsstand bringen kann.

18. **Endlos begeisterungsfähig:** Von Natur aus gut gelaunt, kann sie andere mit ihrer Begeisterung anstecken, ohne dass sie sich bedrängt fühlen. Kann gut die Stimmung aufrechterhalten. Ist zufrieden, wenn sie anderen auch die gute Seite der Dinge und den Glauben an die Sache vermitteln kann.

19. **Loyal, hingebungsvoll, freundlich:** Umgänglich und angenehm in der Zusammenarbeit. Andere können sich darauf verlassen, dass sie Rücksicht nehmen wird. Ist bereit, Zeit und Energie in Beziehungen zu investieren. Zieht ihre Zufriedenheit aus zuverlässigen Freundschaften.

20. **Feuerwehr:** Löscht Brände und löst Probleme. Wenn alles in die Brüche zu gehen scheint, hält sie die Hoffnung aufrecht und wirkt stabilisierend. Lässt sich von Problemen nicht erschüttern und kann auf die Bedürfnisse anderer eingehen. Ist zufrieden, wenn sie das Unmögliche hinbekommt.

21. **Charmant und überzeugend:** Ist fähig, andere für ihre Meinung zu gewinnen. Lernt gerne neue Leute kennen. Lässt sich von schwierigen Menschen nicht beirren. Andere Menschen öffnen sich ihr leicht und teilen sich ihr gerne mit. Ist zufrieden, wenn sie das Eis brechen und eine persönliche Verbindung herstellen kann.

Sobald Sie die Stärken eines anderen erkannt haben, können Sie ihm helfen, seinen eigenen Weg in seine Kraft zu finden. Sagen Sie ihm zu Anfang, was Sie sehen, und reden Sie mit ihm darüber, was er selbst als seine Stärken betrachtet. Wenn Sie Aufgaben zu verteilen haben, können Sie sich dabei an seinen Stärken orientieren. Doch selbst wenn nicht, tun Sie gut daran, jedermanns Stärken im Blick zu behalten. Das wird Sie befähigen, von jedem den richtigen Input abzufragen.

Empowerment hat durchgängig mit der Überzeugung zu tun, dass alle Menschen das gleiche Recht auf Macht haben. Jeder von uns ist ein vollständiger Mensch, in dem sich die Ganzheit der Seele widerspiegelt. Wir mögen uns vor unserer Vollständigkeit verstecken, ob bewusst oder unbewusst. Statt unsere Multidimensionalität zu genießen, beschränken sich die meisten von uns auf ein kleines Stück vom »Lebenskuchen«. Empowerment erweitert den Spielraum der Erwartungen, denn es zeigt, dass nicht alle negativen Annahmen über Macht wahr sein müssen. Macht ist nichts, was man festhalten kann; sie ist die unendliche Energie, die Intelligenz und die Kreativität der Seele, die sich durch Sie zum Ausdruck bringen will. Wenn Sie begreifen, dass jeder ein Ausdruck einer Seele ist, werden Sie es genießen, als Führungsperson anderen helfen zu können, diese Wahrheit für sich zu entdecken. Die höchste spirituelle Lektion über Macht, die ich je gelesen habe, stammt von Tagore: »Die Macht sprach zur Welt: ›Du bist mein.‹ Die Liebe sprach zur Welt: ›Ich bin dein.‹ Die Liebe siegte.«

Lehren des Empowerments

- Führen mit Seele bedeutet, Arten des Machtmissbrauchs umzukehren. Das Leitprinzip lautet hier, mit zunehmender eigener Macht auch anderen Macht zu geben.
- Überschreiten Sie die Grenze von der persönlichen Macht zur transpersonalen Macht. Transpersonal bedeutet »über das Individuum hinausgehend«. Das ist die Art von Macht, die jeder von uns auf der Seelenebene in sich trägt.

Der Weg zur Macht beginnt mit dem Wissen um Ihre persönlichen Stärken und baut auf ihnen auf. Dasselbe gilt, wenn Sie anderen Macht verleihen. Durch die Erweiterung Ihrer Bewusstheit bringen Sie die Ganzheit Ihrer Seele zum Ausdruck. Dann leben Sie aus der Kraft des Seins.

WAS KÖNNEN SIE HEUTE TUN?

Macht wird zum Problem, wenn das Ego versucht, sich ihrer zu bemächtigen. Erkennen Sie, dass es bei Macht nicht um Sie geht. Üben Sie sich in Ihrer Rolle als Führungsperson darin, sich nicht damit zu identifizieren. Viele Menschen meinen, mit Macht gingen immer Hochgefühle einher. Die Macht der Seele erzeugt jedoch eher eine Mischung aus Stille und Dynamik. Sie erschöpft sich nicht, auch wenn das erste Hochgefühl verebbt. Wenn Sie eine abgeklärte Haltung einnehmen, können Sie die Woge der Macht erleben, ohne sich darin zu verlieren. Sie können in jede Situation mit dem Gefühl hineingehen, dass alles, was Sie wollen, schon in Ihnen ist. Daraus ergeben sich ein entspannter, selbstsicherer Zustand und eine machtvolle Position.

Sie können heute schon damit anfangen, zu üben, gleichzeitig voll engagiert und abgeklärt zu sein. Diese Gleichzeitigkeit ist der eigentliche Trick, damit aus der Abgeklärtheit keine hochmütige Teilnahmslosigkeit wird. Es gibt ein Vorbild dafür, wie man auf natürliche Weise abgeklärt und überhaupt nicht teilnahmslos sein kann: das Spielen. Schauen Sie einem Kind beim Spielen zu, dann sehen Sie, dass es vollständig konzentriert und engagiert ist. Es ist ganz beim Spielen und lässt sich nicht ablenken. Gleichzeitig ist es sorglos und voller Energie – jedenfalls solange das Spiel nicht zu ernst wird und es nicht ums Gewinnen geht.

Die folgende Übung kann Sie auch im Erwachsenenalter in diese spielerische Haltung bringen:

Nehmen Sie sich nach dem Aufwachen am Morgen im Bett noch zehn Minuten Zeit. Stellen Sie sich mit geschlossen Augen den kommenden Tag vor. Visualisieren Sie die kritischen Augenblicke, in denen Sie vielleicht wichtige Entscheidungen fällen müssen. Sehen Sie, wie diese Situationen sich zum Besten entwickeln. Beschränken Sie sich nicht auf ein festes Szenario; lassen Sie Ihren Verstand lieber mit den Möglichkeiten spielen. Sobald Sie mit der Szene zufrieden sind, können Sie innerlich einen Schritt zurücktreten und sie aus einer anderen Perspektive betrachten.

Visualisieren Sie, wie die Situation einen ganz anderen Verlauf nimmt und gut ausgeht. Wiederholen Sie dies zwei- oder dreimal mit verschiedenen Möglichkeiten, damit Sie nicht in einer einzigen feststecken. Gehen Sie mit dem, was Ihnen Ihre Seele zeigt, so gelassen wie möglich um.

Wenn Sie damit fertig sind, beenden Sie Ihre Visualisierungen und gehen dem Tag offen entgegen.

Dies ist eine Übung in »*Lila*«, wie das Spielerische der Schöpfung im Sanskrit genannt wird. In diesem Spiel genießt die Seele die Entfaltung jedes einzelnen Augenblicks, in dem aus jenem, »was ist«, das »was wird« entsteht, ohne dabei einer geraden Linie oder einem vorhersehbaren Kurs zu folgen; vielmehr trägt jede Zutat dazu bei, etwas Neues entstehen zu lassen. *Lila* ist unser natürlicher Zustand, aus dem Sie nur herausfallen, wenn Folgendes geschieht:

Ihr Ego will unbedingt gewinnen.
Sie hassen es, zu verlieren.
Sie brauchen es, die Kontrolle zu haben.
Sie müssen unbedingt recht behalten.
Sie fühlen sich angespannt und unwohl.
Sie leiden unter Stress.
Sie nehmen die Dinge zu ernst.
Es fühlt sich nichts mehr spielerisch an.

Um wirklich zu spielen, müssen Sie diese Warnzeichen bemerken und entsprechend reagieren. Jede Situation ist anders, aber das

Gefühl des Spielens kann immer zurückgewonnen werden, wenn Sie nach innen lauschen und die Wahrheit achten, dass Kreativität stets sorglos sein sollte. Ich meine hier keine gezwungene Albernheit oder hinterhältige Späße, auch nicht, dass man aus allem ein Spiel machen sollte. Wir alle wissen, wie es sich anfühlt, unbefangen und sorglos zu sein, denn die Seele verlässt diesen Zustand nie. Es geht um das Spielerische unseres spirituellen Wesens.

Wenn Sie die oben beschriebene Übung durchführen, wird Ihr Kontrollbedürfnis nachlassen und Sie werden nicht mehr so darauf fixiert sein, welches Ergebnis nun das Beste wäre. Jeder Tag ist eine neue Welt, doch wir, die darin leben, wissen nicht, wie wir neu sein können. Abgeklärtheit in ihrer reinsten Form bedeutet, bereit zu sein, sich zu erneuern und alte Prägungen loszulassen. Wenn Sie das Neue in völliger Offenheit durch sich hindurchströmen lassen können, werden Sie so spielerisch werden wie die Schöpfung selbst.

6

R = Responsibility – Verantwortung

Führen mit Seele bedeutet, sich für mehr als nur die Bedürfnisse der Gruppe verantwortlich zu fühlen. Es bedeutet, sich um jedermanns persönliches Wachstum zu kümmern. Diese Verantwortung beginnt mit Ihrer eigenen Entwicklung. Es gibt acht Lebensbereiche, in denen Sie die Macht haben, sich von Ihrer Seele leiten zu lassen: Gedanken, Emotionen, Wahrnehmungen, persönliche Beziehungen, soziale Rolle, Umgebung, Sprache und Körper. In all diesen Bereichen wirkt sich Ihr Verhalten auf die Leute aus, die Sie führen. Wenn Sie sich entwickeln, werden diese es auch tun.

Führen mit Seele bedeutet, dass die evolutionäre Entwicklung Ihre höchste Priorität ist. Sie beschädigen mit Ihrem Verhalten nie das Selbstwertgefühl anderer. Sie prüfen immer wieder Ihre Überzeugungen und verändern sie, wenn sich neue Wachstumschancen auftun. Weil die Evolution eine unaufhaltsame, universelle Macht ist, stehen Ihnen unsichtbare Kräfte zur Verfügung. Verantwortung ist dann keine Last mehr. Solange Sie selbst weiterhin wachsen, fällt es Ihnen leicht, sie zu tragen.

Jede Führungskraft übernimmt Verantwortung, aber wenn Sie von der Seele her führen, nehmen Sie eine andere Perspektive ein. Sie übernehmen die Verantwortung für Ihre eigene Evolution und für die der Menschen um Sie herum. Sie haben sich entschieden, mit einer Vision loszuziehen. Um sie zu verwirklichen, wählen Sie einen Weg, auf dem es um viel mehr geht als nur um äußeren Erfolg. Ihr inneres Selbst wächst mit jedem Schritt. Immer höhere

Bedürfnisse der Gruppe werden erfüllt. Wie können Sie also dafür sorgen, dass Sie sich immer weiter entwickeln? Persönliches Engagement spielt dabei eine Rolle, aber in welchem Bereich? Wenn Sie diese Frage beantwortet haben, werden Sie wissen, worin täglich Ihre Verantwortung besteht. Ihre Seele stellt keine Forderungen, weil sie nicht in Aktivitäten involviert ist. Sie wirkt als Ihre Quelle, als stiller Urgrund Ihrer Existenz. Ihre Verantwortung kommt daher nur ins Spiel, wenn Sie handeln, denken oder fühlen. Die Samen keimen in der Stille. Jeder Samen ist eine Möglichkeit, die aus dem Feld unendlicher Möglichkeiten aufsteigt. Der Samen keimt vielleicht in Ihrem nächsten Gedanken. Ihre Verantwortung läge dann darin, Ihren nächsten Gedanken evolutionär werden zu lassen, damit er Wachstum und Fortschritt bringt. Aber Möglichkeiten manifestieren sich nicht immer als Gedanken. Sie könnten sich auch in Form einer Empfindung, einer Tat oder eines Wortes zeigen. Jeder Bereich des Lebens steckt voller Möglichkeiten. Ihre Seele kann Ihnen alles geben, was Sie wollen. Die andere Seite der Medaille ist: Sie sind für das verantwortlich, worum Sie bitten.

Das Wissen um das, was Sie bitten, kann etwas ganz Subtiles sein. So wundervoll und inspirierend Ihre Vision auch sein mag – jeden Tag müssen Tausende von Details ausgearbeitet werden. Sie mögen sich als Führungsperson vorgenommen haben, den Weltfrieden zu fördern, eine nachhaltige Wirtschaft zu etablieren oder eine Alternative zu fossilen Brennstoffen zu entwickeln. Angesichts solch hoher Ziele erscheint es banal, sich um sein nächstes Wort oder seine nächste Körperempfindung zu kümmern. Doch auch diese sind Teil des komplexen Gewebes des Lebens, und wenn sie sich nicht entwickeln, wird es auch Ihre Vision nicht tun.

Das Gewebe des Lebens ist unglaublich kompliziert verflochten, doch es lassen sich acht wichtige Stränge identifizieren, die mit eigenen Verantwortlichkeiten einhergehen. Wenn Sie Verantwortung aus dieser Perspektive betrachten, wird sie Ihnen nicht mehr als Belastung erscheinen, sondern als ein Weg, für sich selbst zu sorgen. Sie brauchen sich nur die eine Frage zu stellen: »Hilft mir das, mich weiterzuentwickeln?« Falls die Antwort Ja lautet, können Sie guten Mutes die Verantwortung für diese Entscheidung übernehmen.

Die Verantwortung eines Führenden lässt sich in acht Bereiche gliedern:

- Ich bin verantwortlich für das, was ich denke.
- Ich bin verantwortlich dafür, wie ich mich fühle.
- Ich bin verantwortlich dafür, wie ich die Welt sehe.
- Ich bin für meine Beziehungen verantwortlich.
- Ich bin für meine Rolle in der Gesellschaft verantwortlich.
- Ich bin für meine unmittelbare Umgebung verantwortlich.
- Ich bin für meine Worte verantwortlich.
- Ich bin für meinen Körper verantwortlich.

Lassen Sie uns jeden dieser Bereiche etwas genauer betrachten.

Ich bin verantwortlich für das, was ich denke

Hier geht es um das Feld der Kognition, das viel mehr umfasst als nur das rationale Denken: Dazu gehören auch Erkenntnisse, Intuition, das »Bauchgefühl« und kreative Impulse. Weil Gedanken spontan auftauchen, neigen wir zu der Ansicht, dass sie unwillkürlich durch unser Gehirn strömen. Wenn das wahr wäre, wie sollten wir dann für das Kommen und Gehen dieser mentalen Impulse verantwortlich sein können? Schließlich haben wir doch keine Ahnung, was unsere nächste Idee sein wird. Aber unsere Gedanken folgen bestimmten Mustern, sogenannten Denkgewohnheiten. Für diese können Sie die Verantwortung übernehmen. Fördern Sie gute Gewohnheiten und meiden Sie schlechte. Erfolgreiche Führungskräfte haben beides gelernt, oft ohne sich dessen bewusst zu sein (ein relativ großer Anteil von ihnen hat sich jedoch einem bewussten Training unterzogen, um den Anforderungen des Führens gerecht zu werden).

Gute mentale Gewohnheiten

- Denken Sie klar und präzise.
- Merzen Sie Vorurteile und Voreingenommenheit aus.
- Prüfen Sie Ihre Annahmen, um sicher zu sein, dass sie gut begründet sind.
- Erforschen Sie jeden Gedanken sorgfältig.
- Achten Sie auf feine Impulse, konzentrieren Sie sich auf sie, bis sie größer werden und sich entfalten.
- Betrachten Sie jeden Gedanken, ohne ihn voreilig zu verurteilen oder abzutun.
- Wandern Sie umher und betrachten Sie Ihre Gedanken aus verschiedenen Blickwinkeln.
- Vergewissern Sie sich, dass Sie nicht zu sehr von Stress, Emotionen oder der Hitze des Augenblicks beeinflusst sind.
- Stehen Sie über dem Drama der Situation.

Jeder dieser Punkte ist etwas, wofür Sie Verantwortung übernehmen können. Der sich selbst überlassene Verstand ist weder klar noch präzise. Er muss trainiert werden, um Wiederholungen auszumerzen. Anstelle des verschwommenen, vagen Denkens formulieren Sie Ihre Gedanken dann klar und deutlich. Alle anderen Bereiche erfordern dieselbe Aufmerksamkeit. Wenn wir nicht aufpassen, schleichen sich unbemerkt Voreingenommenheiten in unser Denken – es ist typisch für Gewohnheiten, von alleine immer wieder zu kommen. Es gilt, sich regelmäßig bewusst zu machen: »Das ist nicht das, was ich denken will. Es sind nur alte Prägungen aus der Vergangenheit, alte, überholte Wiederholungen dessen, was ich einmal gedacht habe.«

Bei der Kognition geht es darum, Verantwortung dafür zu übernehmen, sich Ihrer selbst bewusst zu sein, um zu bemerken, welche Auswirkungen Emotionen und Stress auf Sie haben. Niemand Äußeres kann Ihre innere Wahrnehmung ersetzen, obwohl vertraute Berater Sie wieder bewusster machen und Ihnen wertvolle Hinweise darauf geben können, wo Sie Ihre Klarheit verloren haben. Vielleicht fällt Ihnen auf, dass weder Organisation noch

Disziplin auf dieser Liste stehen. Der Erfolg mancher Führungskräfte beruht wesentlich auf einem sehr disziplinierten und durchorganisierten Verstand. Doch bei näherer Betrachtung zeigt sich, dass das Bedürfnis, den Verstand zu disziplinieren, mit der Bändigung eines wilden Tieres vergleichbar ist, dem man nicht traut und dessen Wildheit man fürchtet. Doch der rastlose menschliche Geist kann auch die Quelle spontaner Antworten und Lösungen sein. Spontaneität jedoch erfordert Freiheit, und Freiheit und Disziplin sind nur schwer gleichzeitig zu verwirklichen.

Natürlich können wir unseren Verstand nicht einfach roh und ungezähmt lassen. Selbst der reinste Künstler, der keine Regeln oder Grenzen erträgt, muss sich der Disziplin stellen, sein Handwerk zu erlernen. Eine Richtlinie könnte sein: Disziplinieren Sie Ihren Verstand so weit, dass Sie Ihr Handwerk beherrschen, und lassen Sie ihn dann frei. Sie könnten sonst zu viele »herumstreunende« Gedanken verpassen, die wertvolle Hinweise enthalten. Es ist ratsam, jedem subtilen Impuls des Geistes – und sei es nur eine schwache Ahnung – Raum zu geben. Dies gilt vor allem, wenn damit ein leises Unbehagen einhergeht. Wenn wir unter Druck stehen, uns mit anderen zu einigen, schnelle Lösungen zu finden oder ein Problem aus dem Weg zu räumen, neigen wir alle zu falschen Schlussfolgerungen. Doch die Seele lässt sich nicht täuschen, und wenn Sie auf irgendeine Weise spüren, dass hier etwas nicht ganz richtig ist, sollten Sie dem trauen. Man kann sogar sagen: Je subtiler das Unbehagen, desto vertrauenswürdiger ist es.

Ich bin verantwortlich dafür, wie ich mich fühle

Gefühle scheinen sogar noch unwillkürlicher zu kommen und zu gehen als Gedanken. Wegen ihrer Spontaneität werden Gefühle oft gefürchtet und es wird ihnen misstraut. Nichts ist dem Verstand unwillkommener als Ängstlichkeit, und so manche vielversprechende Karriere ist schon einem aufbrausenden Temperament zum Opfer gefallen. Uns geht es hier jedoch nicht darum, Angst, Ärger oder irgendein anderes Gefühl unter Kontrolle zu halten (zum Beispiel führen Programme zum Umgang mit Ärger und zur Heilung von Phobien zu keinen nachweisbar eindeutigen Ergebnissen; und selbst das vielversprechende Feld der Positiven Psychologie, das darauf abzielt, Negativität positiv auszurichten, hat noch wenig gehaltvolle Forschungsergebnisse aufzuweisen). Doch ähnlich wie Gedanken äußern sich auch Gefühle in Mustern, und wenn Sie auf diese Muster achten, können Sie Verantwortung für sie übernehmen und sie ändern.

Ein Gefühl ist eine Reaktion, die plötzlich und automatisch aufzutreten scheint. Wenn Sie sich vor Spinnen fürchten, wird Sie der Anblick einer Spinne vor Angst zurückschrecken lassen. Falls Sie sich über dreckiges Geschirr in der Spüle ärgern, werden Sie sich unweigerlich aufregen, wenn Sie nach einer Mahlzeit in die Küche kommen und sehen, dass jemand seine Sachen nicht abgewaschen und weggeräumt hat. Aber diese scheinbare Unausweichlichkeit täuscht. Denken Sie nur daran, was passiert, wenn Ihnen jemand einen Ball oder einen Schlüsselbund zuwirft. Selbst wenn Sie überrascht sind, werden Sie entweder automatisch die Hand hochstrecken und ihn fangen oder ausweichen und murmeln: »Ich kann nicht fangen.« Irgendwann in Ihrem Leben haben Sie entweder gelernt, Dinge zu fangen, oder nicht. Sobald Sie es gelernt hatten, wurde die Reaktion abgespeichert. Doch Sie können immer wieder umlernen. Ihnen bleibt immer die Freiheit der Wahl, und zum Glück kann unser Gehirn unser ganzes Leben lang neue Fähigkeiten aufnehmen, wie neueste Hirnforschungen beweisen.

Sie haben geübt, auf eine bestimmte Art zu fühlen und andere Arten des Fühlens zu meiden. Wollen Sie wirklich die Verantwortung für Ihr Fühlen übernehmen, besteht der Trick darin, ein eingeübtes Gefühl durch Offenheit zu ersetzen. Wir alle ziehen positive Gefühle negativen vor, aber wenn Sie üben, sich nie negativ zu fühlen, ist Ihnen vielleicht nicht klar, dass »Negativität« letztlich ein Urteil gegenüber sich selbst ist. Es bedeutet: »Ich bin schlecht, wenn ich mich so fühle.« Wir alle wissen, wie anstrengend es ist, mit Leuten zusammen zu sein, die mit einem fest installierten falschen Lächeln und ewigem vorgetäuschtem Frohmut durchs Leben gehen. Ihre Gefühle neu einzuüben bedeutet zunächst, Muster zu bemerken. Wenn Sie zum Beispiel automatisch alles anzweifeln oder allem Neuen aus dem Weg gehen, wenn Veränderungen oder die Begegnung mit neuen Menschen Ihnen Angst machen, treten Sie einen Schritt zurück und achten Sie auf Ihre Gefühle.

Warten Sie einfach einen Moment lang ab. Häufig verschwindet solch eine erste Reaktion von ganz alleine. Geschieht dies, dann erscheint ein offener Raum, in dem Sie sich selbst zu den Gefühlen leiten können, die Sie vorziehen. Verurteilen Sie sich nicht. Lassen Sie die Gefühle sein, was sie sind, aber handeln Sie nicht aus Angst, Ärger, Groll, Neid, Misstrauen oder anderen Empfindungen heraus, die für die Menschen in Ihrer Umgebung zu Stress führen könnten. Ihre Gefühle sind Ihre eigenen, bis Sie sie in die Welt »hinausprojizieren«. Es ist Ihre Verantwortung, nichts hinauszuprojizieren, was Schaden anrichten könnte.

Sobald Sie gelernt haben, statt automatischer Reaktionen einen offenen Raum zu spüren, taucht etwas Neues auf. Die Seele fängt an, eigene Gefühle zu entwickeln, und diese sind immer evolutionär. Sie sind keine vorübergehenden emotionalen Ereignisse, sondern anhaltende Gefühlszustände. Stille, Frieden und eine ruhige Selbstwahrnehmung kommen und gehen nicht unwillkürlich. Sind Sie einmal damit verbunden, entsteht daraus das, was die Buddhisten die vier göttlichen Gefühle nennen: liebende Güte, Mitgefühl, Gelassenheit und Freude am Erfolg anderer. Doch es ist gar nicht nötig, die höheren Gefühle zu benennen (sie zu benennen kann sogar Ihren Verstand dazu verleiten, »gut« sein zu wollen).

Alle höheren Emotionen holen uns aus unserem getrennten Selbst heraus. Das getrennte Selbst hat gelernt, lieber A zu wählen als B, meistens weil das Ego meint, dass es von A mehr hat. Jenseits des getrennten Selbst gibt es einen natürlichen Strom von Gefühlen, und angemessene Reaktionen tauchen von ganz alleine daraus hervor. Die Seele strebt immer danach, Ihnen die Antwort mit dem höchsten Entwicklungspotenzial zu geben, und das gilt auch für Gefühle.

Ich bin verantwortlich dafür, wie ich die Welt sehe

Genau wie Denken und Fühlen scheint auch unsere Wahrnehmung automatisch abzulaufen. Wenn ich wahrnehme, dass der Himmel blau ist, scheint mir darin keine willentliche Entscheidung zu liegen, und schließlich kann man nur für Dinge verantwortlich sein, für die man sich entscheiden kann. Doch auch hier ist es ein Irrtum, zu glauben, wir hätten keine Wahl. Wir wissen, dass es unbegrenzt viele Möglichkeiten gibt, also muss es immer eine Wahl geben. Eine Führungsperson ist definitionsgemäß jemand, der mehr Möglichkeiten erkennt als andere. Entwicklung findet statt, so groß die Schwierigkeiten oder Rückschläge auch manchmal erscheinen mögen. Eine Höherentwicklung ist unaufhaltsam. Dieses Prinzip können Sie Ihrer ganzen Weltsicht zugrunde legen.

Der wegweisende Physiker Max Planck hat gesagt: »Wenn Sie die Art verändern, wie Sie die Dinge betrachten, werden sich die Dinge verändern, die Sie betrachten.« In gewissem Sinne ist das die Art, wie sich Relativität auf der Seelenebene ausdrückt. Je erweiterter Ihre Wahrnehmung Ihrer selbst ist, desto mehr Möglichkeiten setzt die Seelenebene frei. Solange Sie sich nicht begrenzen, werden Sie immer Möglichkeiten haben. Die Ursache der Begrenzungen sind Überzeugungen. Negative Überzeugungen wirken wie Zensoren: Sobald neue Möglichkeiten auftauchen, sagen Sie beim ersten Anblick gleich Nein, wenn Sie meinen, das sei zu gefährlich, falsch, schlecht, unmöglich, nicht der Mühe wert oder passe nicht zu Ihnen. Ihre Seele möchte Ihnen nichts verwehren, aber das werden Sie nie erfahren, wenn Ihre Überzeugungen nur ein paar wenige Möglichkeiten zulassen. Jede Möglichkeit, die nie das Licht des Tages erblickte, reduziert Ihre Zukunft und wirkt unsichtbar außerhalb Ihres Bewusstseins weiter. Sie müssen sich dieser Überzeugungen bewusst werden und sie umkehren, um sie durch entwicklungsfördernde Überzeugungen zu ersetzen.

- Ich bin nicht gut genug. Ich verdiene nicht so viel wie andere Menschen.
- Umkehrung: Je weiter ich mich entwickle, desto mehr verdiene ich. Da Entwicklung keine Grenze hat, sind auch meine Verdienste grenzenlos.

- Aufschieben ist ein guter Weg, schwierige Entscheidungen zu meiden.
- Umkehrung: Aufschieben ist nie eine gute Lösung. Es zementiert das Problem eher. Wenn ich das Problem jetzt löse, kann ich die Lösung meine ganze Zukunft lang genießen.

- Es hilft mir nicht weiter, mich auf das zu konzentrieren, was mit mir schiefläuft.
- Umkehrung: Probleme sind nicht schlecht. Sie weisen darauf hin, wo ich wachsen kann. Jenseits der Schwierigkeiten warten verborgene Helfer. Wenn ich mich nicht auf meine Probleme konzentriere, verpasse ich meine eigene Entwicklung.

- Die Welt steckt voller Probleme. Was kann ein Mensch da schon tun?
- Umkehrung: Die Evolution bringt die Menschheit weiter, indem sie einen Menschen nach dem anderen weiterbringt. Ich kann mich so verändern, wie ich mir Veränderung für das Ganze wünsche. Wenn ich das tue, trage ich zum kollektiven Bewusstsein bei. Dann kann jeder einen Schritt vorwärts machen, bis die kritische Masse erreicht ist, die für globale Veränderungen notwendig ist.

- Veränderungen sind zu schwierig.
- Umkehrung: Leben ist nichts als Veränderung. Jede Zelle in meinem Körper verändert sich ständig, genauso wie meine Gedanken, Gefühle und die Ereignisse um mich herum. Der eigentliche Punkt ist, dass Veränderungen bewusst oder unbe-

wusst stattfinden können. Durch mehr Bewusstsein trage ich wesentlich zu Veränderungen bei. Es ist nicht nötig, etwas zu erzwingen, ich brauche nur mein Bewusstsein zu erweitern.

- Wir sind Gefangene zufälliger Begebenheiten und können die Ereignisse nicht beeinflussen.
- Umkehrung: Wenn irgendetwas Macht über mich hat, dann mache ich mich zum Opfer. Ich weiß nicht, was sich ereignen wird, aber ich kann das Unbekannte als Freund oder als Feind betrachten. Als Freund bringt mir das Unbekannte neues Leben, neue Ideen und neue Möglichkeiten. Ich will meinen Fokus auf diese Aspekte richten und den Rest loslassen.

- Jeder hat Feinde. Ich halte mich lieber aus allem heraus und mache mir so wenige Feinde wie möglich.
- Umkehrung: Feind ist nur ein anderes Wort für Hindernis. Wenn ich auf ein Hindernis treffe, hat meine Seele einen Grund dafür, es mir in den Weg zu legen, und sie hat auch eine Lösung dafür. Ich brauche mich nicht darum zu kümmern, was andere über mich denken; mein Ziel ist nicht, mit jedem befreundet zu sein. Ich bin hier, um mich zu entwickeln und dem Weg zu folgen, den mir meine Seele Tag für Tag bietet.

Ich bin für meine Beziehungen verantwortlich

Beziehungen beruhen auf Gegenseitigkeit, daher können Sie immer nur für Ihren Anteil verantwortlich sein. Aber Beziehungen führen auch zu einer gewissen Verschmelzung, und dann ist es nicht mehr so leicht zu erkennen, welches Ihr Anteil ist. Als Führungskraft tun Sie gut daran, einer Grundregel zu folgen: Geht alles gut, dann loben Sie den anderen; wenn es nicht so gut geht, übernehmen Sie die Verantwortung dafür, etwas zu ändern. Falls Sie darauf warten wollen, dass die andere Person etwas ändert, warten Sie unter Umständen ewig. Sie müssen eine gewisse Selbstgenügsamkeit entwickeln, das heißt, erkennen, dass Sie genügen.

Sie brauchen nie jemand anderen, der Sie vervollständigt. Sobald Sie das wirklich begriffen haben, werden Sie aufhören, andere darum zu bitten, sich zu verändern, damit es Ihnen besser geht. Das liegt nicht in deren Verantwortung; es ist kein Zeichen mangelnder Anteilnahme; und egal wie sehr sie sich bemühen, Sie könnten sich am Ende trotzdem schlecht fühlen.

Wir haben bereits einen grundlegenderen Punkt erörtert. Als Führungsperson müssen Sie sich darauf einlassen, Beziehungen aufzubauen. Das ist ein wesentlicher Ausgangspunkt, den trotzdem viele nicht erfüllen, vielleicht weil sie davon überzeugt sind, Beziehungen seien zu schwierig. Sie können diese Überzeugung umkehren, indem Sie erkennen, dass alles im Leben aus Beziehungen besteht, schweren und leichten. Wenn Sie sich selbst davon überzeugt haben, dass Sie völlig allein dastehen, täuschen Sie sich. Selbst wenn Sie sich in eine Hütte am Nordpol zurückziehen würden, mit nichts als endloser Einöde um sich herum, würden Sie doch in Ihren Erinnerungen, Gewohnheiten, Erwartungen und in Ihrer Persönlichkeit alle Beziehungen Ihrer Vergangenheit mitnehmen.

Jeder Mensch ist die Summe all seiner vergangenen und gegenwärtigen Beziehungen. Um sich verantwortlich zu verhalten, können Sie sich an ein paar Richtlinien orientieren:

- Achten Sie sorgfältig auf die Unterschiede zwischen Vergangenem und Gegenwärtigem.
- Stülpen Sie gegenwärtigen Beziehungen nicht die vergangenen über.
- Beziehen Sie sich auf gemeinsame positive Werte und nicht auf gemeinsame Vorurteile.
- Versuchen Sie, Ihre Beziehungen gleichberechtigt und unparteiisch auszurichten.
- Setzen Sie den anderen nicht ins Unrecht.
- Folgen Sie der goldenen Regel: Andere spüren es, wenn Sie sie so behandeln, wie Sie auch behandelt werden möchten.
- Stärken Sie das Selbstbewusstsein des anderen.

Der letzte Punkt ist gewissermaßen eine psychologische goldene Regel. Wie wir bereits erörtert haben, erfüllen Führende bestimmte Bedürfnisse aus der Hierarchie der Bedürfnisse. Doch nicht in jeder der vielen Begegnungen, die Sie erleben, geht es um Bedürfnisse. Das allen Begegnungen Gemeinsame ist die Kontaktaufnahme von einem Selbst mit einem anderen. Stellen Sie sicher, dass sich der andere bei Ihrem Auseinandergehen genährt, bereichert, wertgeschätzt und ermutigt fühlt. In unseren alltäglichen Beziehungen kommen wir der Berührung von Seele zu Seele am nächsten. Beziehungen sind ein äußerst umfangreiches Thema, aber dies ist ihre spirituelle Essenz.

Ich bin für meine Rolle in der Gesellschaft verantwortlich

Die bisherigen Verantwortungsbereiche waren eher persönlicher Art. Bei gesellschaftlichen Belangen geht es jedoch um Tausende von Menschen. Unsere Verbindungen zu ihnen sind weniger sichtbar. Sie können auf die Gesellschaft Einfluss nehmen, indem Sie wählen gehen; durch den Ort, an dem Sie leben; durch Ihren Einsatz für bestimmte Dinge; durch Spenden für wohltätige Zwecke. Aber es gibt auch eine Menge anderer Verbindungen, wie neuere Forschungen aufgedeckt haben. Als Führungsperson müssen Sie sich der Kraft der »sozialen Ansteckung« bewusst sein. Diesen Begriff haben die Forscher für das Phänomen gewählt, wie sich Einflüsse in der Gesellschaft ausbreiten.

Gerüchte und Tratsch haben ein Eigenleben, das wissen wir alle. Verschwörungstheorien von gestern führen heute zu paranoiden Ideen.

Aber soziale Ansteckung reicht noch tiefer als diese Dinge, die der gesunde Menschenverstand weiß. Es geht auch um Stimmungen, Haltungen und Gewohnheiten. Falls Sie mit einem depressiven Familienmitglied zusammenleben, ist die Wahrscheinlichkeit, dass Sie auch Depressionen bekommen, überdurchschnittlich hoch. Selbst wenn Sie die depressive Person gar nicht selbst kennen, sondern nur jemanden, der einen depressiven Freund hat, werden Sie »angesteckt«.

Das ist eine sehr merkwürdige Erkenntnis, aber die Studien machen das deutlich. Sie laufen eher Gefahr, übergewichtig zu werden oder zu rauchen, wenn eine Freundin einer Freundin übergewichtig ist oder raucht. Natürlich kann niemand diese Einflüsse aus dritter oder vierter Hand steuern. Doch diese »Abstufungen der Getrenntheit« sind letztlich Abstufungen der Bezogenheit.

Soziale Ansteckung ist unsichtbar, aber wirksam. Und sie wirkt in beide Richtungen. Auch positive Verhaltensweisen sind ansteckend: Hat also eine Freundin einer Freundin gute Lebensgewohnheiten oder eine optimistische Lebenseinstellung, ist die Wahrscheinlichkeit höher, dass auch Sie dazu neigen. Es ist daher sinnvoll, sich ein soziales Netzwerk mit möglichst weitreichenden positiven Auswirkungen zu schaffen. Sie haben also auch Einfluss, wenn Sie nicht unmittelbar an etwas teilnehmen.

Begriffe wie »kritische Masse« oder »Trendwende« versuchen, diese Art der Einflussnahme zu erfassen. Es geht immer um eine Art von Kettenreaktion. Irgendwann sind so viele Menschen von etwas überzeugt, dass seine Verbreitung nicht mehr aufgehalten werden kann.

Erfinder, Politiker, Werbefachleute und Filmstudios arbeiten alle daran, Trendwenden zu erzeugen, und immer geht es um die Wirkung der kritischen Masse. Es ist das soziale Äquivalent der Zellteilung; Ideen gewinnen an Einfluss, indem sie sich exponentiell verbreiten (der Begriff der »viralen« Verbreitung von populären Internetvideos ist nicht zufällig gewählt).

Soziales Netzwerken ist in der modernen Welt zu einer Notwendigkeit geworden, und die Netzwerke, denen Sie beitreten oder die Sie aufbauen, sollten der Ebene Ihrer Bewusstheit entsprechen:

- Treten Sie Netzwerken bei, die Ihr Hauptinteresse thematisieren.
- Leisten Sie positive, detaillierte Beiträge.
- Gehen Sie mit jeder Nachricht so um wie mit einer persönlichen Begegnung: mit Offenheit und Respekt.

🔖 Teilen Sie Ihre höchsten Ideale mit und seien Sie sich bei jeder Botschaft, die Sie weitergeben, dieser Ideale bewusst. Jeder Ihrer Beiträge sollte ein Ausdruck Ihrer Kernwerte sein oder ihnen zumindest nicht widersprechen.

🔖 Bleiben Sie mit den Mitgliedern des Netzwerks, das Ihnen am wichtigsten ist, in enger, regelmäßiger Verbindung. Lassen Sie sich nicht auf mehr persönliche Netzwerke ein, als Sie verkraften können.

Viele Nachrichten sind zwar kurz und flüchtig, doch Sie sollten bei jedem längeren Kontakt die goldene Regel der Beziehungen beherzigen: Stärken Sie das Selbstwertgefühl des anderen.

Ich bin für meine unmittelbare Umgebung verantwortlich

Wir projizieren uns in unsere Umgebung, daher hat jede Situation ihre eigene Atmosphäre. Sobald ein neuer Mensch einen Raum betritt, verändert sich die Stimmung, und sei es nur ein klein wenig. Führungspersonen können viel bewirken: Ihr Ton bestimmt die Umgebung, in der sich andere bewegen. Selbst wenn Sie nur still dasitzen, üben Sie einen starken Einfluss aus. Manchmal ist es jedoch schwierig, seine Wirkung zu erkennen. Schließlich erleben Sie die Menschen nur, wenn Sie dabei sind. Es bleibt Ihnen Ihr Leben lang unbekannt, wie sich die anderen verhalten, wenn Sie nicht Teil der Gleichung sind.

Aus spiritueller Sicht ist die Projektion einer Person etwas Allumfassendes. Sie sind die ganze Situation, in der Sie sich befinden. Sie erschaffen einen ständigen Spiegeleffekt. Sie können sich entscheiden, dieses Prinzip anzunehmen oder abzulehnen, aber es ist nicht schwierig, es nachzuweisen. Dazu brauchen Sie es sich nur zur Gewohnheit zu machen, das Innere mit dem Äußeren zu vergleichen.

Um sich Ihrer selbst bewusster zu werden, müssen Sie Fragen stellen, die Innen und Außen verbinden. Diese beiden Bereiche sind niemals wirklich getrennt, aber aus Mangel an Bewusstheit betrachten wir sie so. Lassen Sie uns vier Arten anschauen, wie wir unsere Erfahrungen bestimmen: Stimmung, Erinnerung, Erwartung und Wahrnehmung.

Stimmung: Stimmt die Situation mit meiner Stimmung überein? Auf einer gewissen Ebene sehen wir alle die Welt durch Brillengläser unterschiedlicher Färbungen. Ein Sonnenuntergang sieht für einen Betrübten anders aus als für einen Verliebten. Auf einer tieferen Ebene bedeutet alleine die Tatsache, dass Sie sich gerade einen Sonnenuntergang ansehen, dass er ein Teil von Ihnen ist; das heißt, Ihre Stimmung färbt nicht nur auf den Sonnenuntergang ab, sie erschafft ihn. Sind Sie betrübt, schauen Sie sich nicht etwas Wundervolles an, das Sie gerade nicht wertschätzen können: Der Sonnenuntergang ist deprimierend für Sie, er kann in diesem Augenblick gar nichts anderes sein. Oder denken Sie einmal an jemanden, den Sie von Herzen lieben oder zutiefst verachten. Sobald diese Person in den Raum tritt, ist Ihr Gefühl ein Teil von ihr. Solange Sie sie beobachten, nimmt sie die Qualität Ihrer Stimmung an.

Erinnerung: Steht die Situation mit etwas aus Ihrer Vergangenheit in Verbindung? Ihre Erfahrung des Vergangenen erzeugt die Gegenwart. Auch das gilt auf vielen Ebenen. Wenn Sie jemanden sehen und wiedererkennen, bedienen Sie sich natürlich Ihrer Erinnerung, sonst wäre die Welt um uns herum voller Fremder. Sie wäre auch voll von fremden Dingen. Sie wäre eine fremde Welt. Die Erinnerung sagt Ihnen auch, dass ein Auto nicht ein Haufen bunten Metalls ist, sondern eine Maschine, von der Sie wissen, wie man damit fährt. Alles Erkennen beruht auf Erinnerung. Auf einer tieferen Ebene können Sie Erinnerungen nicht auflösen – Sie können sie aber als das betrachten, was sie sind. Ein Buch ist etwas, das Sie lesen können. Sie können sich nicht dazu bringen, in einem Buch wieder wie eine Zweijährige nur eine Ansammlung bedeutungsloser Zeichen auf Papier zu sehen.

Erwartung: Ist die Situation so, wie ich es erwartet habe? Nur relativ selten wird die Antwort auf diese Frage Ja lauten. Erwartungen entstehen, bevor wir uns einlassen. Wenn wir uns dann einlassen, bestimmen unsere Erwartungen, was wir meinen, was passiert. Stellen Sie sich vor, Sie werden gleich einem Fremden begegnen. Sie haben gehört, er sei charmant und humorvoll. Kurz bevor er den Raum betritt, flüstert Ihnen jedoch jemand ins Ohr: »Er ist ein bekannter Schwindler.« Die Situation verändert sich sofort, weil Ihre Erwartung verändert wurde. Auf einer tieferen Ebene formen Ihre Erwartungen das, was andere tun und sagen. Wir schwingen uns ganz subtil auf die Erwartungen der anderen ein. Wir spüren, ob sie umgänglich oder schwierig sind, offen oder introvertiert, freundlich oder abweisend. Alle Begegnungen sind von solchen stillen Signalen geprägt. Wir empfinden es als »Überraschung«, wenn diese eher verborgenen Erwartungen erfüllt werden. Wenn Sie sich der Gefühle, die Sie verleugnen und aus Ihrem Sichtfeld gedrängt haben, bewusst geworden sind, sollte Sie jedoch nichts Derartiges mehr überraschen.

Wahrnehmung: Betrachte ich die Situation durch eine bestimmte Brille? Es gibt die folgende Regel: »Die Dinge sind so, wie man sie sieht.« Auf der subtilsten Ebene der Erfahrung ist Wahrnehmung kreativ. Die Annahme, wir beobachten die Welt auf passive Weise, ist ein Irrtum. Wie die Neurologen nachgewiesen haben, entspringt jede Qualität, die wir in der Welt wahrnehmen, unserem Gehirn. Ihr visueller Kortex erzeugt Sonnenlicht. Das Sonnenlicht an sich ist nichts. Es ist ein bestimmtes elektromagnetisches Frequenzspektrum. Mit einer anderen Art von Gehirn würde Ihre Welt vielleicht durch Magnetismus erhellt oder durch die Temperatur oder durch Schwerkraft. Die Rohinformationen müssen erst in Farbe, Licht, Klang, Struktur, Formen, Gerüche übersetzt werden – in alles, was Sie wahrnehmen können.

Auf der tiefsten spirituellen Ebene nehmen Sie nur Ihre eigene Schöpfung wahr, nichts sonst. Wenn Ihnen das unglaublich erscheint, drehen Sie die Aussage doch einmal herum. Können Sie an irgendetwas teilhaben, was Sie nicht wahrnehmen? Neutrinos und Gammastrahlen sausen durch Ihren Körper, Ihr Hormonspiegel steigt und sinkt, Ihr Stoffwechsel richtet sich danach aus, wie warm Ihre Umgebung ist und was Sie zum Frühstück gegessen haben. Nur weil Sie diese Dinge nicht bewusst wahrnehmen, heißt das nicht, dass Sie nicht daran teilhaben. Spirituell betrachtet nimmt Ihre Seele alles wahr und nimmt daher an allem teil. Es gibt keinen Unterschied zwischen der Abstimmung Ihrer Leberenzyme und der Abstimmung mit Ihren Kollegen. Auf der Seelenebene erzeugt die Wahrnehmung alles. Sie mögen einwenden, Sie könnten ja wohl unmöglich einen Felsen oder einen Fremden im Bus erschaffen. Doch in Ihren Träumen steuern Sie all dies.

Träume sind das Reich der Wahrnehmung. Sie enthalten Bilder, Klänge, Berührungen, Geschmack und Geruch. Doch all diese Empfindungen sind nicht von uns getrennt, wir sind die Quelle unserer Träume und all dessen, was in ihnen passiert. Wie uns die Weisheitstraditionen der Welt lehren, gilt für die Wirklichkeit »da draußen« dasselbe. Dasselbe Gehirn, das alle Details unserer Traumwelt erzeugt, ist auch für jedes Detail unserer Wachumgebung verantwortlich. Sofern Sie sich nicht bereit fühlen, diesen spirituellen Sprung zu tun, brauchen Sie es auch nicht. Prüfen Sie einfach immer wieder, ob die Situation und Sie eins sind oder nicht. Je tiefer Sie gehen, desto mehr werden Sie von dieser Einheit überzeugt sein.

Ich bin für meine Worte verantwortlich

Die Worte, die Sie sprechen, sind eigene Ereignisse. Sie wirken auf andere Menschen; das sollte nie vergessen werden. Weshalb ich diesen Verantwortungsbereich für den vorletzten Punkt aufgehoben habe? Durch Ihre Worte kommen Ihre Gedanken, Ihre Gefühle, Ihre Wahrnehmung, Ihre Beziehungen und Ihre soziale Rolle zum Ausdruck. Alles bereits Erwähnte spielt mit hinein. Linguisten haben deutlich gemacht: Unsere Sprache dient uns nicht nur dazu, Ideen zu vermitteln. Ein einfacher Satz ist multidimensional. Denken Sie nur an all das, was uns der Ton einer Stimme mitteilt. In kürzester Zeit können Sie einschätzen, ob der Redende glücklich oder traurig, begeistert oder distanziert, warm oder kühl, Freund oder Fremder, offen oder verschlossen, ansprechbar oder unnahbar ist – und das berührt nur die Oberfläche. (Ein bekannter Psychiater, der lange Zeit in einer Radiosendung mitwirkte, hat einmal behauptet, er könne das Persönlichkeitsproblem eines Anrufers schon erkennen, wenn dieser nur seinen Namen nenne.)

Wenn Sie die Verantwortung für Ihre Worte übernehmen, geht das über deren reinen Inhalt hinaus. Das kann schwierig sein. Wir alle reagieren eher mit Widerstand auf Kommentare wie: »Der Ton deiner Stimme gefällt mir aber gar nicht«, »Was soll denn das heißen?«, »Ich weiß, was du eigentlich meinst«, oder: »Du sagst das zwar so, aber du meinst doch etwas ganz anderes.« Wir offenbaren mehr, als uns lieb ist; das hören wir zwar nicht gerne, doch wie wir alle wissen, ist genau das der Fall. Unsere Worte teilen mit, wie wir uns fühlen, was wir wollen, was wir verbergen möchten und was die andere Person verstehen soll. Eine Führungsperson übernimmt auch für all diese zusätzlichen Dimensionen ihrer Worte die Verantwortung.

Wenn Sie diese Verantwortung übernommen haben, stehen Ihnen zwei Möglichkeiten offen. Sie können Ihre Worte kontrollieren und anderen nur das zeigen, was Sie ihnen zeigen wollen. Oder Sie können Offenheit als etwas Gutes akzeptieren und die Leute aus Ihren Worten herauslesen lassen, was sie aus ihnen herauslesen wollen. Diese zweite Option macht Sie verletzlicher, aber es ist die bessere Wahl, weil die Menschen ohnehin alles Mögliche in Sie hineinlesen; das können Sie gar nicht verhindern. Der Eindruck, den andere von Ihnen haben, ist deren eigene Schöpfung. Da dies unausweichlich geschieht, können Sie auch einfach Ihr Licht so voll erstrahlen lassen, wie Sie können. Halten Sie so wenig wie möglich im Schatten verborgen. Erzeugen Sie nicht absichtlich ambivalente oder rätselhafte Stimmungen. Reden Sie auf konsistente Weise. Zeigen Sie Respekt und Höflichkeit. Das sind die notwendigen Grundlagen, um zu Ihren Worten und deren Wirkung auf andere zu stehen. Unsere Worte sind ein Fenster in unsere Seele. Mit einem offenen Fenster werden Sie sehr viel erfolgreicher sein, als wenn Sie es verschlossen halten.

Ich bin für meinen Körper verantwortlich

Sie mögen denken, dass die Fürsorge für unseren eigenen Körper, grundlegend wie sie ist, in dieser Liste als Erstes genannt werden sollte. Doch ich habe sie mit gutem Grund ans Ende gestellt. Ihr Körper ist keine Maschine aus Fleisch und Blut. Von der Seelenebene aus betrachtet ist er die Projektion Ihrer Gedanken, Gefühle und Worte. Ihr Körper ist eine beständige Projektion Ihrer selbst in der Welt. Jede Ihrer Zellen lauscht Ihren Gedanken. Sie können nicht auf Ihre Umwelt reagieren, ohne damit eine Wirkung auf Ihr Gewebe und Ihre Organe zu erzeugen. Ohne einen Körper können Sie sich nicht mit dem Universum verbinden, daher ist der Körper das Vehikel Ihrer Evolution.

Jeder Führende will im Einklang sein. Ohne Körper können Sie sich nicht einschwingen, das ist klar, doch die Qualität Ihrer Fähigkeit, im Einklang zu sein, verändert sich sehr subtil. Eine Stunde weniger Schlaf zum Beispiel kann die Wahrnehmung fast genauso vernebeln wie der Verlust einer halben Nacht Schlaf. Ein schweres, fettes Essen mit einem Glas Wein trübt den Verstand und führt zu weniger zuverlässigen Entscheidungen. Eine Minderung der biologischen Energie, sei es durch Krankheit, Stress oder Erschöpfung, reduziert die mentale Spannkraft.

Die Körper-Geist-Verbindung ist nicht wie eine Lampe, deren Stecker man in die Dose steckt. Es sind hundert Milliarden miteinander vernetzte Neuronen, die mit Billiarden von Körperzellen in Verbindung stehen. Dasselbe gilt auch für unsere Interaktionen mit der Welt. Alle Rückkopplungsschleifen beginnen und enden mit dem Körper.

Wenn Sie erkannt haben, dass Ihr Körper eine Projektion all dessen ist, was Sie sind, ist Ihre Verantwortung dafür nicht mehr eine Frage der Entscheidung, so als ob Sie in den Sportclub gehen sollen oder nicht oder heute Abend lieber Fisch statt Fleisch essen wollen. Ihr Körper verstoffwechselt die Welt, er nimmt sehr viel mehr auf als nur Nahrung, Wasser und Luft; Ihr Körper verstoffwechselt jede Erfahrung, denn jede Erfahrung erfordert Energie, die aus Nahrung, Wasser und Luft stammt. Chemische Reaktionen machen aus Rohinformationen »meine« Erfahrung; indem Sie jeden Anblick und jedes Geräusch verinnerlichen, ergreifen Sie davon Besitz. Was »da draußen« war, ist jetzt »hier drin«, und dank unseres Zellgedächtnisses wird es auch lange darin bleiben.

Diese Perspektive ändert nichts an all dem, was bekanntermaßen für einen gesunden Lebensstil notwendig ist: eine ausgewogene Ernährung mit wenig Fett, regelmäßige Bewegung zur Stärkung von Herz und Kreislauf, guter Schlaf, Meditation und Stressmanagement. Die einfache Wahrheit lautet jedoch: Ihr Körper existiert, um Ihnen zu dienen. Doch er kann Ihnen nur geben, was in ihm steckt, nicht mehr. Betrachten Sie Ihren Körper als Bewusstsein, das materielle Form angenommen hat, dann wird klar, dass er Ihnen durch seine Bewusstheit sehr viel mehr zu geben hat. Das physische Geschenk der Bewusstheit ist ein Körper, der leicht, strahlend, beweglich, energiegeladen, ausgeglichen und reaktionsstark ist. Da all dies Qualitäten sind, die Sie als Führungsperson haben möchten, ist es sinnvoll, die Verantwortung für Ihren Körper zu übernehmen.

Wir haben jetzt acht Lebensbereiche abgedeckt, für die Sie verantwortlich sind. Das sollte aber Ihre Belastung als Führungsperson nicht noch vermehren. Jeder dieser Bereiche kann mühelos gemeistert werden, wenn Sie sich von Ihrer Seele führen lassen. Je weiter Sie sich entwickeln, desto mehr verschwinden die Trennungen. Verstand, Körper, Verhalten und Worte sind in einem gemeinsamen Fluss. Dann fangen Sie an, nicht nur die Kunst des Führens zu meistern, sondern auch die Kunst des Lebens. Ihre Seele nimmt immer mehr Einfluss auf all Ihr Tun, und wenn das passiert, schließt sich die Kluft zwischen Ihnen und Ihrer Seele, und damit dominiert immer stärker die Ganzheit.

Im nächsten Abschnitt werden wir sehen, wie sich Leben in Ganzheit transformieren lässt. Das Wundersame wird dann normal, und das Feld der Möglichkeiten verliert alle Begrenzungen. Bevor das geschehen kann, müssen Sie jedoch für alles, was Sie sind und sein wollen, die Verantwortung übernommen haben.

Die Lehren der Verantwortung

- Führen mit Seele bedeutet, Verantwortung für Ihre Weiterentwicklung und die der anderen zu übernehmen. Evolution ist eine unaufhaltsame Kraft. Es lohnt sich für Sie selbst und für alle um Sie herum, mit ihr im Einklang zu sein.
- Ihre Seele kann der Entwicklung eines jeden Bereichs Ihres Lebens, vom Verstand und Körper über persönliche Beziehungen bis zu Ihrer gesellschaftlichen Rolle, förderlich sein. Kein Aspekt einer Situation wird je ausgelassen.
- Aus spiritueller Sicht sind Sie und die Situation eins. Jede Erfahrung spiegelt Ihre Ebene des Bewusstseins wider. Im Bereich der Seele verschmelzen die innere und die äußere Welt miteinander. Verantwortlich sein bedeutet letztlich, die Ganzheit des Lebens zu akzeptieren.

WAS KÖNNEN SIE HEUTE TUN?

Dieses Kapitel zeigt Ihnen, wie Sie Ihre eigene Weiterentwicklung und die von anderen Menschen vorantreiben können. Doch umgekehrt dürfen Sie auch die Kraft der Evolution nicht behindern. Sie sind die Seele der Gruppe. Ihr Verhalten wirkt wie ein Magnet, es zieht ähnliches Verhalten an.

Aus spiritueller Sicht ist der Impuls, zu wachsen und sich zu erweitern, eine unaufhaltsame Kraft, doch wir können ihr Widerstand leisten und Entscheidungen treffen, die unser Wachstum sabotieren. Sollte sich der Führer der Evolution widersetzen, wirkt sich das auf die gesamte Mannschaft aus.

Nehmen Sie sich heute etwas Zeit, um zu prüfen, ob Sie eine der folgenden Verhaltensweisen an sich beobachten können, die Ihre Entwicklung sabotieren können.

10 hinderliche Verhaltensweisen

Ich beschäftige mich ständig mit den Risiken. Ich sorge mich dauernd, was alles schiefgehen könnte.

Ich stelle mich dem Problem nicht, selbst wenn kein Weg mehr daran vorbeiführt.

Insgeheim will ich, dass das Team tut, was ich will.

Ich habe nicht die Verantwortung für meine letzte schlechte Entscheidung und ihre Konsequenzen übernommen.

Ich gebe den Leuten um mich herum die Schuld und rede mich selbst heraus.

Ich giere nach Anerkennung und Bestätigung.

Ich delegiere keine Befugnisse, oder ich delegiere, aber überwache streng alle Entscheidungen.

Ich habe mehr mich selbst im Blick als die Gruppe.

Ich höre immer wieder auf dieselben Meinungen meines inneren Kreises.

Ich ertappe mich beim Lügen oder beim Verschleiern der Wahrheit.

Sie müssen diese Fallen sorgsam vermeiden, denn egal ob sie in milder oder schwerer Form auftreten, sie mindern das Bewusstsein Ihres Teams. In der Physik gibt es den Begriff der »Entropie«, um zu beschreiben, wie sich die Energie im Universum zerstreut. Auf seine eigene stille Art zieht falsches Verhalten Energie ab. Und irgendwann kostet das dann seinen Preis: Das Team kommt vielleicht ins Stocken und stagniert oder es ist unkonzentriert und spaltet sich auf.

Eignen Sie sich stattdessen ein evolutionäres Verhalten an, dienen Sie dem Bestreben Ihrer Seele, das Bewusstsein der Gruppe anzuheben.

Ihre Seele hat Ihnen das Verlangen eingeflößt, eine umfassendere Wahrheit zu leben. Praktisch gesprochen müssen Sie jedes hinderliche Verhalten umkehren:

10 evolutionäre Verhaltensweisen

- Beschäftigen Sie sich nicht ständig mit Risiken. Richten Sie Ihren Fokus auf positive Ergebnisse.
- Stellen Sie sich den Problemen, solange sie noch im Keimstadium sind.
- Richten Sie Ihre Aufmerksamkeit zuerst auf die Bedürfnisse der Gruppe.
- Übernehmen Sie die Verantwortung für Ihre letzte schlechte Entscheidung und lassen Sie dann los.
- Beschuldigen Sie niemand anderes und reden Sie sich nicht heraus.
- Seien Sie unempfänglich für die guten oder schlechten Meinungen anderer.
- Zeigen Sie jenen, an die Sie Befugnisse delegieren, Ihr Vertrauen.
- Zeigen Sie Großzügigkeit im Geben und nicht im Nehmen.
- Öffnen Sie sich für sämtliche Informationen und klugen Ratschläge.
- Versprechen Sie sich selbst, die Wahrheit zu sagen, vor allem wenn die Versuchung groß ist, zu lügen.

Evolutionäres Verhalten lässt sich nicht erzwingen – es muss kultiviert und gepflegt werden. Viele erfolgreiche Führungspersönlichkeiten lernen auf natürliche Weise, sich weiterzuentwickeln, weil sie auf ihre innere Stimme eingeschwungen sind und sich von ihrer Intuition leiten lassen. Destruktives Verhalten eliminiert schlechte Führungskräfte durch deren Versagen.

Aber die oben aufgeführten Verhaltensweisen sind im Einklang mit der evolutionären Kraft der Seele, die Ihnen unsichtbare Hilfe und Unterstützung zukommen lässt. Rechtes Verhalten hält

Sie im Einklang mit der Evolution, mit jener Neigung aller Dinge zu organischem Wachstum und zur Weiterentwicklung.

■

S = Synchronizität

Jeder, der führt, braucht Unterstützung, und keine Unterstützung ist kraftvoller als die der Seele. Sie beschenkt uns mit einem anhaltenden Strom kleiner und großer, geheimnisvoller Geschenke. Das ist das Werk der Synchronizität, jener unsichtbaren Intelligenz, die Sie zur rechten Zeit an den rechten Ort führt. Die ersten sechs Buchstaben von L-E-A-D-E-R-S bereiten Sie auf jenen Bewusstseinssprung vor, der es Ihnen ermöglicht, von der Ebene der Seele her zu leben. Auf der Ebene der Seele sind Wunder ganz normal. Unsichtbare Kräfte kommen Ihnen zu Hilfe. Sie lassen Ihre Vision zu einer Tatsache werden.

Erfolgreiche Visionäre erwarten Wunder, weil sie auf die fortwährende Unterstützung der Seele vertrauen. Es ist eine natürliche und leichte Art zu leben. Sie lassen Ihr wahres Selbst zur Entfaltung kommen und können dann jenen, die Sie führen und denen Sie dienen, denselben Weg weisen.

Wie Sie gleich sehen werden, ist Synchronizität nichts Zufälliges. Sie dient einem Zweck. Sie bestätigt Ihnen die Echtheit Ihrer Motive. Sie beweist, dass Ihr Vertrauen in die Seele gerechtfertigt ist. Erweitert sich Ihr Bewusstsein, dann wird Ihre Seele Ihnen eindeutige Botschaften schicken. Sie brauchen sich nur zu öffnen und sie zu empfangen.

Dieser letzte Aspekt des Führens ist mysteriöser als die anderen. Alle erfolgreichen Führungspersonen können in ihrem Leben auf kleine Wunder zurückblicken, aber erfolgreiche Visionäre schauen auf große Wunder zurück. Ein kleines Wunder bedeutet, eine Glückssträhne zu haben oder zur rechten Zeit am rechten Ort zu sein. Ein großes Wunder ist etwas ganz anderes, da wird das Unmögliche Wirklichkeit, eine höhere Macht greift ein und verändert Ihr Leben.

Die Seele kann für jeden Wunder bewirken, die Grenzen liegen nur in uns selbst. Entfernen Sie diese Begrenzungen, und nichts wird so sein wie vorher. Führen mit Seele bedeutet, auf eine Weise unterstützt zu werden, die den meisten Menschen verborgen bleibt. Das soll nicht heißen, dass Sie versuchen, Gott auf Ihre Seite zu bringen. Gott ist auf jedermanns Seite, denn Gott ist unsere Wahrnehmung der unendlichen Macht der Schöpfung. Sind Sie über die Seele mit dieser Macht verbunden, kann sie für Sie alles in Raum und Zeit arrangieren. Derartig arrangierte Ereignisse nennen wir Synchronizitäten.

Das allgemeine Verständnis von Synchronizität als einem »sinnvollen, unerwarteten Zusammentreffen von Ereignissen« beschreibt nicht angemessen, was dabei geschieht. Das könnte sich ja auch auf zwei Fremde beziehen, die denselben Nachnamen haben oder auf dieselbe Schule gingen. Synchronizität hingegen verändert die Situation so, dass sie an Bedeutung gewinnt. Zwei Menschen begegnen sich, und der eine hat eine Lösung für ein Problem des anderen, oder eine winzige, aufkeimende Idee erhält eine enorme Wachstumschance. Ein persönlicher Traum kann sich plötzlich verwirklichen.

Fragt man Führungspersönlichkeiten, wie sie zu ihren herausragenden Erfolgen gekommen sind, verwenden sie sehr oft die Worte »viel Glück«: Sie wissen, dass ihr Leben außergewöhnlich war, aber sie haben kein Erklärungsmodell dafür. Synchronizität ist solch ein Erklärungsmodell. Sie beschreibt einen grundlegenden Prozess des Universums. Ihr Körper ist von einer unvorstellbaren Synchronizität abhängig. Genauso wie ein Pantoffeltierchen oder eine Amöbe in einem grünen Teich an einem warmen Sommertag strebt jede einzelne Ihrer hundert Milliarden Gehirnzellen danach, sich mit Nahrung, Wasser und Energie zu versorgen. Doch Ihre Gehirnzellen sind irgendwie perfekt koordiniert. Jedem Gedanken liegt ein exquisit choreografierter Tanz zugrunde.

Milliarden von Neuronen wirken zusammen, damit Sie diesen Satz lesen können. Es gibt kein sichtbares System, das sie steuert. In einem fast unsichtbar winzigen Maßstab hat die Synchronizität ein großes Wunder erschaffen. In einem größeren Maßstab wäre das so, als sagte jeder Mensch auf der Welt im selben Augenblick denselben Satz, ganz ohne vorherige Planung. Solch ein Geschehen lässt sich auch nicht annähernd mit einem »sinnvollen, unerwarteten Zusammentreffen von Ereignissen« beschreiben.

In wirklich synchronistischen Augenblicken kommt Ihnen das Universum mit offenen Armen entgegen, und Sie können erkennen, wer Sie wirklich sind. Ihr wirkliches Ich ist nicht getrennt und isoliert. Die Welt, die Sie erleben, ist kein Zufallsprodukt. Die Ereignisse werden ständig neu geordnet, um Ihnen allerbeste Ergebnisse zu ermöglichen. Von Führenden werden Ergebnisse erwartet, daher überrascht es nicht, dass die größten unter ihnen sehr wohl um das Geheimnis der Synchronizität wissen. Sie vertrauen darauf, dass ihnen unsichtbare Kräfte zu Hilfe kommen. Auch Ihre persönliche Vision braucht diese Unterstützung, und Sie können lernen, diese zu kultivieren. Die Wunder, die Sie erleben, zeigen, dass Sie stark mit Ihrer Seele verbunden sind. Betrachten Sie sie als Evolutionssprünge. Rechnen Sie erst einmal mit Synchronizität; sobald Sie sie brauchen, wird es auch so sein. Die Vorzüge, die sich daraus ergeben, können Sie dann an alle um Sie herum weitergeben.

Das Normale auf eine höhere Stufe bringen

Es gibt praktische Schritte, die Ihren Zugang zum Wundervollen erweitern und Sie zu erfolgreichen Visionären machen. Das ist das Ziel, dem dieses Buch dienen soll.

Der Weg zu Wundern

- Betrachten Sie Synchronizität als normal.
- Achten Sie auf versteckte Botschaften.

- Gehen Sie dahin, wohin Sie geführt werden.
- Seien Sie präsent.
- Begreifen Sie die Harmonie eingedämmter Konflikte.
- Fördern Sie Einheit; wirken Sie Aufspaltungen entgegen.
- Verinnerlichen Sie die neue Überzeugung: »Ich bin die Welt.«

Sie sehen, einige dieser Schritte sind eher innerlich, sie erfordern die Veränderung alter Überzeugungen und Erwartungen. Andere sind äußerlich und richten sich eher auf die Art, wie Sie in der Welt agieren und sich auf andere beziehen.

Betrachten Sie Synchronizität als normal.
In einem ersten Schritt kehren Sie alle Vorstellungen, Synchronizität sei etwas Unnormales, um. Ohne sie gäbe es kein Leben. Die Ökologie ist hervorragend koordiniert. Eine Katze, die in einem abgeschlossenen Behälter steckt, stirbt an Sauerstoffmangel. Ein Farn in einem abgeschlossenen Behälter stirbt an Kohlendioxidmangel. Beide zusammen könnten jedoch überleben. Auf planetarischer Ebene geht es jedoch um viel mehr als nur ums Überleben: Durch dieses diffizile Gleichgewicht ermöglicht es die Natur allen Arten, zu gedeihen und sich weiterzuentwickeln. Auch Sie gehören zu diesem Lebensstrom. Sie sind dafür geschaffen, in der Sie umgebenden Ökologie zu wachsen und sich zu entwickeln. Viele behaupten, die Ereignisse ihres Lebens seien willkürlich. Aus einer materialistischen Weltsicht dominiert die Zufälligkeit sicherlich. Intelligenz gilt hier als etwas Sekundäres, das durch Versuch und Irrtum irgendwie im menschlichen Gehirn zustande kam. Wenn Sie diese Weltanschauung teilen, werden Sie Synchronizität natürlich nur für ein kleines Beispiel eines interessanten Zufalls halten.

Trotz aller Zufälle verlassen wir uns in unserer Alltagserfahrung jedoch auf Bewusstheit, wo immer sie herkommen mag. Die Theorie ist eine Sache, die Praxis eine andere. Unser Leben hat einen Sinn. Wir brauchen dafür kein Wirken einer höheren Macht zu bemühen; wir können einfach sagen, dass Intelligenz allgegenwärtig ist. Denken Sie an ein synchronistisches Ereignis Ihres Lebens, als Sie einem Fremden begegneten, der in Ihrem

Leben später eine wichtige Rolle spielte. Ginge es hier um reinen Zufall, lägen die Chancen bei eins zu mehreren Millionen. Es ist einfacher – und nach dem Ockham'schen Prinzip daher auch logischer –, zu sagen, diese Begegnung sollte so stattfinden und es stehe dahinter eine Intelligenz, die die Ereignisse steuert, um einem bestimmten Sinn zu dienen. Den Weisheitstraditionen der Welt zufolge gilt das für unser gesamtes Leben. Erfolgreiche Visionäre machen sich diese Überzeugung zu eigen, weil sie sich in ihrem Leben bestätigt hat.

- Visionäre fühlen sich in einen umfassenderen Zusammenhang eingebunden.
- Sie machen die Erfahrung, dass sich Träume verwirklichen.
- Sie beten und erhalten Antworten.
- Sie empfinden ihr Leben als zutiefst sinnvoll.
- Sie fühlen sich innerlich geführt.
- Sie verlassen sich auf sinnvolle Synchronizitäten.
- Sie gehen den Weg, der ihnen bestimmt ist.

Sie müssen nicht an die Wahrheit dieser Aussagen glauben. Wenn sich Ihr Bewusstsein erweitert, werden Sie sie ganz einfach als wahr erkennen. Sie sind Ihnen dann selbstverständlich. Synchronizität ist keine Form göttlicher Bevorzugung, die nur ein paar privilegierten Menschen zugute kommt. Die Ebene der Seele unterstützt jeden gleichermaßen vollständig.

Achten Sie auf versteckte Botschaften.
Wenn Ihre Seele Ihnen gerade Botschaften schickt, müssen Sie sie empfangen. Das ist nichts anders, als würden Sie ein Gespräch mit jemandem führen. Falls Sie nicht zuhören, was der andere sagt, findet kein Dialog mehr statt. Bei den meisten Menschen findet der Dialog mit der Seele nur sehr zögerlich und unregelmäßig statt. Das Leben ist deutlich anders, wenn man die Botschaften der Seele empfangen kann, aber der Unterschied lässt sich leichter beschreiben mit dem, was dann *nicht* ist, als an dem, was ist:

- Sie fühlen sich nicht abgelehnt und ungeliebt.
- Sie sind nicht einsam und allein.
- Ihr Verhalten wird nicht von Ihren Gewohnheiten und zufälligen Impulsen bestimmt.
- Ihre Existenz ist Ihnen kein Rätsel.
- Sie sind kein Opfer.

Ich hätte bei jeder dieser Aussagen natürlich auch eine positive Formulierung wählen können (»Sie fühlen sich geliebt und umsorgt«, »Ihre Existenz hat einen Sinn« etc.), aber ich möchte betonen, dass viele Probleme verschwinden. Es gibt Augenblicke, wo die Veränderungen so leicht zu erkennen sind, dass man sie nicht übersieht.

Am ersten Tag nach einer Erkältung merken Sie, dass Sie nicht mehr so verschleimt sind und Ihnen nicht mehr alles wehtut. Aber im Laufe der Zeit verliert sich dieser Kontrast dann wieder. Dasselbe gilt auf spiritueller Ebene. Vielleicht bemerken Sie irgendwann, dass Sie sich nicht mehr einsam oder missverstanden oder unsicher fühlen, falls das vorher Probleme für Sie waren. Doch in der Regel entsteht einfach ein Strom von Verbindungen, der nicht besonders auffällt.

»Achten Sie auf versteckte Botschaften« bedeutet, sich einen Moment Zeit zu nehmen, um sich bewusst zu machen, welche negative Dinge verschwunden sind: Angst, Unsicherheit, Bedrohung, Ärger, Groll, Neid, Kampf, äußere Hindernisse, innere kritische Stimmen, traumatische Erinnerungen, vergiftete Beziehungen, Schuld- und Schamgefühle. Das ist eine lange Liste, und die meisten von uns halten sich nur selten damit auf. Doch wenn sich Ihr Bewusstsein erweitert, werden Sie bemerken, dass manche dieser Dinge sich nach und nach auflösen und Ihr Leben glatter und effizienter verläuft. Das sind Zeichen dafür, dass Sie wirklich im Dialog mit der Seele stehen.

Gehen Sie dahin, wohin Sie geführt werden.
Wenn der Dialog mit Ihrer Seele in Gang ist, wird er Sie auf Ihren Weg führen. Doch wie können Sie bei einer so stillen Führerin wissen, ob Sie wirklich dem Rat Ihrer Seele folgen? Der deutlichste

Hinweis: Ihr Ego beherrscht nicht mehr Ihr Denken. Wir haben im fünften Kapitel schon über das Ego gesprochen, vom Kontrast zwischen dem Fokus auf »ich« und »meins« statt auf »wir« und transpersonale Werte. Indem sich das Bewusstsein erweitert, wird Ihr Ego zunehmend zum Beobachter und wird immer weniger Anforderungen an Sie stellen.

Die Führungsimpulse der Seele kommen nicht in Form von Anweisungen wie »Sei nicht so selbstsüchtig« oder »Sei rücksichtsvoller«. Die stille Seele arbeitet anders – sie lässt alte Gewohnheiten weniger befriedigend wirken.

Es ist, als ginge man über festen Boden, und plötzlich hat man nichts mehr unter den Füßen. Angenommen, jemand ärgert Sie, und anstatt selbstgerecht und aufbrausend auf die Person zu schimpfen, verpufft Ihr Ärger einfach. Das Ego schmilzt langsam dahin, und mit ihm all seine vertrauten Reaktionen des Ärgers, der Angst, des Grolls, der Eifersucht und des ständigen Bedürfnisses, sich mit anderen zu vergleichen.

Sie können sich an folgenden Stufen orientieren:

Die sechs Stufen persönlicher Veränderung

1. **Festgefahren sein:** Ich bin es gewohnt, mich so zu verhalten. Das passt zu mir. Die Situation erfordert das. Ist das ein Problem? Für mich nicht.
2. **Erste Zweifel:** Meine Reaktion fühlt sich nicht ganz richtig an. Ich fühle mich unwohl dabei. Irgendwie weiß ich mir nicht zu helfen, aber ich wünschte, ich könnte es anders machen.
3. **Sich selbst infrage stellen:** Ich muss aufhören, so zu reagieren. Es bringt nichts, und es fühlt sich nicht mehr richtig an. Wenn sich etwas verändern soll, dann müssen diese alten Gewohnheiten aufhören.
4. **Streben nach Veränderung:** Ich merke, wenn ich reagiere, und versuche nach Kräften, es nicht zu tun. Andere wissen, dass ich das ändern will, helfen mir und unterstützen mich.

Ich sehe, dass es Leute gibt, die nicht so reagieren. Das will ich auch können.

5. **Veränderung setzt ein:** Ich kann meine Reaktionen besser steuern. Ich habe gelernt loszulassen. Mein früheres Verhalten befriedigt mich nicht mehr. Ich erkenne mich darin kaum wieder.

6. **Reintegration:** Ich bin neu. Da sind noch Spuren meiner alten Reaktionsmuster, aber sie haben kaum mehr Einfluss auf mich. Ich denke nicht mehr daran, wie ich einmal war. Ich weiß, wer ich bin, und ich bin glücklich mit der Person, die ich in mir sehe.

Synchronizität wird zwar sehr subjektiv wahrgenommen, doch das Wissen um diese sechs Stufen persönlicher Veränderungen kann jedem nutzen, der sich in einer Führungsposition befindet. Als Führungsperson haben Sie die Aufgabe, andere zu Veränderungen zu motivieren, daher ist es hilfreich, die Symptome von Veränderungen zu kennen.

Nur selten kommt es zu einer plötzlichen Offenbarung wie bei Scrooge in Charles Dickens' Weihnachtsgeschichte, der sich von einem sehr schlechten zu einem sehr guten Menschen wandelt. Im wahren Leben liebäugelt ein solcher Scrooge erst einmal eine Weile damit, etwas freundlicher und weniger gehässig zu sein, probiert kleine Schritte in diese Richtung aus und fällt immer wieder zurück in alte Muster. Aber es verändert sich etwas. Als Führungsperson können Sie diesen Prozess Schritt für Schritt durch Ihr Wohlwollen fördern. Betrachten Sie sich als Hebamme einer schwierigen Geburt. Bringen Sie selbst den geringsten Anzeichen für etwas Neues Wertschätzung entgegen.

Seien Sie präsent.

In den letzten Jahren ist die Macht des Jetzt zu einem populären Thema geworden. Präsenz ist zweifellos sehr attraktiv. Freude und Glück können nur jetzt, in diesem Augenblick erfahren werden. Vergangene Freuden oder zukünftiges Glück finden nicht jetzt statt. Doch die Gegenwart ist trickreich. Definitionsgemäß währt das Jetzt nur einen Bruchteil einer Sekunde lang, bevor es zur Vergangenheit wird.

Es gibt Augenblicke, in denen Menschen sich als total präsent erleben. Aller Ballast fällt von ihnen ab. Ein inneres Leuchten erfüllt alles, was sie wahrnehmen. Das Gewöhnliche verwandelt sich und wird außergewöhnlich, das Trübe wird strahlend. Gleichzeitig jedoch haben Sie das Gefühl, wie im freien Fall die Balance zu verlieren. Es gibt kein Sicherungsseil mehr, das Vergangenheit, Gegenwart und Zukunft verknüpft. Nichts ist mehr sicher.

Deshalb ist es besser, sich der Gegenwärtigkeit schrittweise anzunähern. Ihre Seele ist immer gegenwärtig, es geht also nicht darum, Gegenwärtigkeit zu erringen. Das geht ohnehin nicht. Respektieren Sie den Teil in sich, der sich an das Vertraute klammert, und ermutigen Sie den Teil, der sich dem Neuen öffnen möchte. Hier ist noch ein anderer Ansatz, wie Sie sich auf den Prozess einlassen können:

- Seien Sie zentriert. Wenn Sie bemerken, dass Sie Ihre Mitte verloren haben, halten Sie inne und kehren Sie zurück.
- Bleiben Sie offen für Ihre Umgebung – lassen Sie Informationen und Eindrücke ungehindert auf sich wirken.
- Wenn Sie merken, dass Sie etwas wie gewohnt sagen oder tun, halten Sie inne und treten Sie einen Schritt zurück. Es ist in Ordnung, nicht zu reagieren. Erschaffen Sie einen offenen Raum, in dem etwas Neues entstehen kann.
- Schätzen Sie den gegenwärtigen Moment. Achten Sie darauf, was Sie daran nährt. Nehmen Sie sich einen Augenblick Zeit, um sich die Leute, mit denen Sie zusammen sind, wirklich anzuschauen.
- Leisten Sie keinen Widerstand, wenn Urteile, Ärger oder Angst Ihre Stimmung dominieren. Sagen Sie dem negativen Gefühl, Sie würden sich ihm später widmen. Halten Sie Ihr Versprechen, indem Sie später wieder mit dem Gefühl Kontakt aufnehmen und schauen, ob es da noch etwas zu bewältigen gibt.
- Erwarten Sie das Beste. Achten Sie in der Situation auf positive Signale. Diese Signale können von anderen Leuten kommen,

aber es könnte auch einfach ein gutes Gefühl in der Luft liegen. Bitten Sie das gute Gefühl herein, auf dass es die Stimmung hebe.

🔲 Öffnen Sie keine Türen zur Vergangenheit. Es kann ganz nett sein, in alten Erinnerungen zu schwelgen, aber leider holt man damit auch die schlechten Aspekte der Vergangenheit mit herein. Wenn alte Erinnerungen auftauchen, können Sie sie bemerken und so stehen lassen, ohne sich aktiv mit ihnen zu beschäftigen.

Wenn Sie meditieren und zentriert bleiben, werden Sie schon bald Eindrücke von Präsenz erleben. Je mehr Sie Ihr Bewusstsein erweitern, desto natürlicher und müheloser leben Sie in der Gegenwart. Eines der deutlichsten Anzeichen dafür ist, dass Sie sich physisch leichter fühlen. Aber auch wenn Sie sich sorglos, sicher, willkommen, lichterfüllt, in gehobener Stimmung oder inspiriert fühlen, sind das Geschenke der Gegenwärtigkeit. Im Laufe der Zeit werden diese Augenblicke zu einer kontinuierlichen Erfahrung zusammenfließen. Geschieht dies, wird das Jetzt auf immer Ihre Heimat sein.

Begreifen Sie die Harmonie eingedämmter Konflikte.
Die Seele lässt sich nicht auf Konflikte ein. Wenn Sie die Neigung verspüren, Ihre Ansichten von Richtig und Falsch zu verteidigen, können Sie das natürlich tun und dabei viel Gutes bewirken. Es gibt viel Falsches in dieser Welt, gegen das man angehen kann. Aber Sie handeln dann nicht von der Seele her. Der spirituelle Weg, mit dem ewigen Kampf zwischen Licht und Dunkelheit, Richtig und Falsch, Schöpfung und Zerstörung umzugehen, besteht darin, über die Auseinandersetzung hinauszuwachsen.

Sofern Sie das tun, erkennen Sie, dass die expliziten Feinde implizit Ihre Verbündeten sind: Die eine Seite kann nur existieren, solange es auch die andere gibt. Es gibt nichts Gutes, für das man kämpfen kann, solange nicht etwas anderes schlecht oder böse gemacht wird.

Ich weiß, das ist ein schwieriges Konzept; wir alle kennen Schreckliches, das uns absolut erscheint und bekämpft werden muss. Aber lassen Sie die moralischen Argumente einmal einen Augenblick beiseite und schauen Sie auf das Wirken der Natur: Zwei Tiere, die Räuber und Beute sind, wie zum Beispiel Löwe und Gazelle, existieren im selben Lebenskreis. Die Natur bringt die Rosenblüte mit den Schimmelpilzen zusammen, die aus der verwelkten Blüte Kompost werden lassen. Schimmel ist nicht hübsch, Moder stinkt und duftet nicht wie eine Rose. Doch das eine kann nur zusammen mit dem anderen existieren. Jenseits von Gut und Böse zu gehen bedeutet, den größeren Zusammenhang zu erkennen, der beide Pole einschließt. Ganzheit enthält Konflikte, aber sie dienen dem Wohl des Ganzen, denn sie halten Schöpfung und Zerstörung im Gleichgewicht.

Manche Gelegenheiten, die die Seele uns anbietet, verpassen wir, denn wir schotten uns schon von vornherein gegen bestimmte Erfahrungen ab, weil wir sie für inakzeptabel halten. Für friedliebende Menschen ist es vielleicht inakzeptabel, etwas mit Kraft durchzusetzen; für zurückhaltende Menschen mag es inakzeptabel sein, die Beherrschung zu verlieren. Wenn Sie sich Ihr eigenes Wertesystem anschauen, können Sie Ihre persönliche Liste von dem, »was ich niemals tun würde«, aufstellen. Nehmen Sie sich einen Moment Zeit dafür. Dann können Sie erkennen: Sie sind an die Dinge gebunden, denen Sie Widerstand leisten. Diese Bindung ist unbewusst, aber stark.

Angenommen, ein Elternteil hat Sie misshandelt und Sie haben sich schon in Ihrer Jugend geschworen, nie jemandem solches Leid zuzufügen. Ja, Ihrem Bewusstsein nach würden Sie zu einem besseren Menschen werden, aber unbewusst haben Sie sich durch die Misshandlung definiert und Ihre Freiheit, alles zu erleben, eingeschränkt. Bitte interpretieren Sie das jetzt nicht moralisch. Ich meine auf keinen Fall, dass Sie andere misshandeln sollten. Aber Sie könnten sich anschauen, was Sie verschlossen haben, das eigentlich offen sein sollte.

Zum Beispiel haben Menschen, die als Kinder misshandelt wurden, oft große Mühe, jemandem zu vertrauen. Sie haben sich dem Vertrauen verschlossen. Andere finden es schwer, Mitgefühl für »schlechte« Menschen zu empfinden, und wieder andere entwickeln einen sehr strengen Verhaltenskodex, den sie sich selbst und anderen aufzwingen. Wenn die Seele dann Botschaften des Mitgefühls, der Offenheit oder der Unvoreingenommenheit übermittelt, wird solch ein Mensch sie nicht hören, weil sie nicht zu seinen Überzeugungen passen. Statt empfänglich zu sein, leistet er Widerstand.

Das ist verständlich, doch in Bezug auf Synchronizität ist diese Abschottung von Teilen Ihrer selbst sehr einschränkend. Sie empfangen dann nur, was für Sie akzeptabel ist. Und wenn Sie sowieso schon wissen, was jeweils gut und schlecht sein wird, brauchen Sie die Seele auch nicht. Dann wollen Sie gar nicht über Ihre festen Überzeugungen hinauswachsen. Der Seele geht es immer um Wachstum und Entwicklung.

Um für die Harmonie eingedämmter Konflikte offen zu sein, können Sie Folgendes üben:

- Denken Sie langfristig. Versuchen Sie zu erkennen, was Ihnen die schlimmsten Erfahrungen Ihrer Vergangenheit Gutes gebracht haben. Vertrauen Sie darauf, dass auch gegenwärtige Rückschläge irgendwann ihr Gutes haben werden.

- Erkennen Sie, dass jeder durch seine Bewusstseinsebene geprägt ist. Was aus Ihrer Sicht leicht zu verändern wäre, ist für jemand anderen eine große Anstrengung.

- Akzeptieren Sie, dass jeder seiner Bewusstseinsebene gemäß sein Bestes gibt. Das kann schwer zu sehen sein, wenn jemand etwas tut, was Sie stark ablehnen. Aber vielleicht kommen Sie der Akzeptanz etwas näher, wenn Sie einen zweiten Punkt berücksichtigen: Wie schrecklich sich jemand auch verhalten mag, er hat eine Seele, das heißt, er sehnt sich ebenfalls auf irgendeiner Ebene nach einer positiven Veränderung.

- Beschäftigen Sie sich eingehend damit, wie die Natur Schöpfung und Zerstörung im Gleichgewicht hält. Auf jeder Ebene des Kosmos gibt es Keimung, Geburt, Wachstum, Reifung und Verfall. Statt sich nur an einen Aspekt dieses Zyklus zu klammern, können Sie sich entscheiden, sie alle anzunehmen. So sieht Ihre Seele die Wirklichkeit.

Sie können auf der Verhaltensebene für etwas Gutes kämpfen, wenn Sie sich dazu berufen fühlen, aber vermeiden Sie Polarisierung. Versuchen Sie unbedingt, in Ihrem Gegner etwas Gutes zu sehen. Zeigen Sie Respekt und geben Sie alles, um zu verhandeln und es gar nicht erst zum Kampf kommen zu lassen. Meiden Sie Beziehungen mit Menschen, die nur in ihrer eigenen Position Gutes sehen können. Jeder, der eine andere Seite verteufelt, schafft Feinde, und das ist letztlich zerstörerischer als alles andere. Sie mögen aus der Situation siegreich hervorgehen, doch selbst wenn der Konflikt vorüber ist, bleiben diese Menschen Ihre Feinde.

Fördern Sie Einheit; wirken Sie Aufspaltungen entgegen.
Im Abschnitt über Teambildung haben wir darüber gesprochen, wie wichtig es ist, Meinungsverschiedenheiten beizulegen, damit die Gruppe sich nicht aufspaltet. Jetzt gilt es, tiefer zu schauen. Sie haben sich entschieden, mit Seele zu führen, weil Sie sich auf eine persönliche Reise eingelassen haben, die Reise zu höherem Bewusstsein. Aus der Sicht der Seele wird sich Ihre Vision letztlich nur erfüllen, wenn Sie Erleuchtung erlangen. Erleuchtung bedeutet die Versöhnung aller Gegensätze. Einheit ersetzt Unterschiedlichkeit; Ganzheit wird gelebte Wirklichkeit. An diesem Punkt ist dann alles Menschliche ein Teil von Ihnen.

Wenn Sie um dieses Endziel Ihrer Reise wissen, können Sie sich verhalten, als wären Sie schon angekommen. Wirken Sie darauf hin, Gegensätze zu vereinen. Die Gegensätze beginnen bei Ihnen selbst. Sie äußern sich in Sätzen wie:

Ich habe auf einer Schulter einen Engel und auf der anderen einen Teufel sitzen.
Ich bin hin- und hergerissen. Ich kann mich nicht festlegen.
An manchen Tagen liebe ich den Menschen, mit dem ich zusammen bin, und an anderen Tagen empfinde ich überhaupt keine Liebe.
Ich schwanke hin und her zwischen Selbstbewusstsein und Minderwertigkeitsgefühlen.

Bin ich echt oder tue ich nur so als ob? Ich fürchte, irgendwann wird mich jemand durchschauen und bloßstellen.

Ich bin erwachsen, aber ich fühle mich immer noch so hilflos wie ein Kind.

Warum fühle ich mich so einsam, obwohl mich andere lieben?

All dies sind die Überzeugungen einer in sich gespaltenen Person. Die innere Spaltung wird nach außen projiziert. Es ist unmöglich, andere wirklich zu akzeptieren, wenn Sie ernsthafte Zweifel an sich selbst haben. Das ist eine der wenigen unumstößlichen spirituellen Regeln. Dahinter steckt die umfassendere Wahrheit: Sie können nur geben, was Sie zu geben haben. Wenn Sie kein Selbstwertgefühl haben, können Sie auch andere nicht wertschätzen. Dasselbe gilt für Liebe, Mitgefühl und Vergebung. Sie können all das geben, wenn Sie es auf sich selbst angewandt haben.

Die Gesellschaft lehrt uns nicht, wie wir spirituell wachsen können, daher fahren sich die meisten Menschen in den endlosen Spielen der Polaritäten fest. Die meisten Führenden verstricken sich in Spaltungen, weil es ihnen dienlich ist. Sie fördern die Gewinner und nicht die Verlierer. Sie wollen mehr für »uns« und weniger für »die anderen«. Sie benennen Rivalen, die es zu verdrängen oder zu schlagen gilt, wollen sich Marktanteile erobern, schwächere Unternehmen einverleiben und konzessionsfreie Bereiche sichern.

Führen mit Seele folgt hier einfachen Regeln: Wenn Sie jemanden kleinmachen müssen, um sich größer zu fühlen, lassen Sie es. Suchen Sie nach positiven Gründen, um sich aufzubauen, ohne dass Sie dafür einen Gegner bräuchten. Heilen Sie Ihre eigene Gespaltenheit, und Sie werden ein Selbstbewusstsein ausstrahlen, das es nicht nötig hat, irgendjemanden niederzumachen. Dann werden Sie jene Großzügigkeit und jenes Mitgefühl für die Gestrauchelten ausstrahlen, die alle wirklich großen Visionäre auszeichnen.

Verinnerlichen Sie die neue Überzeugung: »Ich bin die Welt.«
Auch hier können Sie das Ziel leben, bevor Sie es wirklich erreicht haben. Keiner von uns hat von Kindheit an gelernt, zu glauben, er oder sie sei die Welt. Es ist eine schier unmöglich klingende Behauptung, die selbst das Ego zum Erröten bringt. Dabei ist sie eigentlich ein Ausdruck der Demut. Wenn Sie sagen: »Ich bin die Welt«, bekennen Sie sich dazu, ein Faden im großen Gewebe des Lebens zu sein. Genauso wie jede Zelle die vollständige DNA enthält, tragen Sie jeden Aspekt des Bewusstseins in sich. Alles, woraus die Welt besteht, ist auch in Ihnen. Es bleibt nichts außen vor, es sei denn, Sie entscheiden sich dafür. Allerdings treffen wir alle eine Menge solcher Entscheidungen.

Jedes Etikett, mit dem wir uns identifizieren, grenzt etwas anderes aus: meine Rasse, mein Geschlecht, meine Nationalität, meine Bildung, mein Status. Jedes Etikett steht für eine Sache, und damit scheiden viele andere Dinge aus: alle anderen Rassen, Nationalitäten und Bildungsniveaus, soziale Rollen ebenso wie Menschen anderen Geschlechts. Etiketten ermöglichen es Ihnen, alles abzulehnen, was Sie nicht sind. Das Leben fühlt sich sehr viel sicherer an, wenn man die eigene Identität einkreisen kann und diesen Kreis nicht verlässt.

Es gibt in dieser Hinsicht zwei Arten von Führungskräften: jene, die ihren Kreis verteidigen, und jene, die darüber hinausschauen. Die erste Haltung ist leichter einzunehmen. Ohne Abgrenzungen fühlen sich die meisten Menschen unsicher, deshalb geht es ihnen umso besser, je enger sie ihren Kreis ziehen. Die zweite Haltung ist die der Visionäre. Sie entspricht einer tieferen Sehnsucht. Tief in unserem Inneren wissen wir, dass alle Menschen eins sind. Jedes Menschenleben ist von derselben Freude und demselben Leiden erfüllt. Wir versuchen, das Wissen darum außen vor zu lassen, aber wir können uns davor nicht vollständig verschließen, denn unser Menschsein kommt aus der Seele. Es ist irreal, darauf zu bestehen, dass die äußere Welt »nicht ich« ist. Sie mögen Ihre Familie, Ihren Stamm, Ihre Rasse oder Ihre Nationalität noch so dicht um sich scharen – das Ergebnis ist nicht mehr Sicherheit, sondern Isolation und Illusion.

Echte Freiheit liegt außerhalb des Kreises. Zu ihr gehören Begegnungen, mit denen Sie nie gerechnet hätten, Standpunkte, die sich völlig von Ihren unterscheiden, und Ideen, denen Sie nie zugetraut hätten, dass sie Sie befreien könnten. Wir sprechen vom Erfüllen von Bedürfnissen, Ihren eigenen und denen der Gruppe. Aber Bedürfnisse sind nur Zwischenstufen auf ein höheres Ziel hin: die Befreiung des Geistes. »Ich bin die Welt« bestätigt die geistige Natur Ihres eigentlichen Wesens, ist Ausdruck der Sehnsucht, alles zu erfahren. Wenn Sie sich mit diesem tiefen Verlangen verbinden, wird Sie die Seele an jedem Tag Ihres Lebens führen. Wenn Sie die irrige Annahme aufgeben, dass Sie Grenzen akzeptieren müssen, steht Ihnen nichts mehr im Weg. Sie sind von Natur aus grenzenlos.

Am Ende der Reise werden Sie *ganz* sein. Alle inneren Abspaltungen, die Zweifel und Konflikte bewirkten, werden geheilt sein. Was sollte es also nützen, diesen Tag aufzuschieben? Das Unbekannte ist wie ein Magnet, der Sie zur Befreiung zieht. Wenn Sie Ihren Blick auf den nächsten Horizont richten, steuern Sie auf einen neuen Ort in sich selbst zu. Und jeder neue Ort spricht leise zu Ihnen von der Seele, die nah ist, bis Sie eines Tages mit ihr verschmelzen und Ihr Sein und das ewige Sein eins geworden sind.

Die Lehren der Synchronizität

- Führen mit Seele bedeutet, die Unterstützung unsichtbarer Kräfte zu gewinnen. Sie erwarten, dass Ihnen Wunder zu Hilfe kommen, und vertrauen darauf, dass Ihre Seele die Ereignisse im besten Sinne zusammenfügt.
- Synchronizität ist nichts Mystisches. Sie ist ein Beweis für die verborgene Intelligenz, die das Universum durchdringt. Diese Intelligenz koordiniert die gesamte Schöpfung, und wenn Sie sich ihr öffnen, wird sie auch die Verwirklichung Ihrer Vision koordinieren.
- Aus spiritueller Sicht befindet sich jeder Visionär auf einer persönlichen Reise. Jedes Bedürfnis, das Sie sich selbst oder der

Gruppe erfüllen, ist ein Schritt in Richtung Befreiung. Wenn Sie frei sind, werden Sie *ganz* sein. Rückblickend werden Sie erkennen, dass jedes Wunder, ob groß oder klein, genau das war, was Sie brauchten, um Erfüllung zu finden.

WAS KÖNNEN SIE HEUTE TUN?

Synchronizität ist normal, sobald Sie alles beseitigt haben, was ihr im Wege steht. Sie können damit heute anfangen, indem Sie Ihre Etiketten ablegen. Wenn Sie sagen: »Ich bin X«, kleben Sie sich ein Etikett auf. Je stärker Sie sich mit einem Etikett identifizieren, desto verschlossener werden Sie sein. Sie werden all die Erfahrungen verpassen, die in die Kategorie »Nicht ich« fallen, die jedoch eigentlich nur nicht Ihren Etiketten entsprechen – was etwas ganz anderes ist. Ohne Etiketten werden Sie sich mit allem viel wohler fühlen. »All dies bin ich« ist eine ideale Lebenshaltung. Die folgenden Anregungen können Ihnen helfen, Ihre Etiketten loszuwerden.

- Statt sich durch Ihren Namen zu definieren, können Sie anonym eine gute Sache lancieren.
- Statt sich durch Ihre Rasse zu definieren, können Sie ehrenamtlich einer Minderheit helfen.
- Statt sich durch Ihr Geschlecht zu definieren, können Sie in einer Gruppe mitwirken, die ein Frauenhaus oder ein Heim für obdachlose Männer unterstützt.
- Statt sich durch Ihre Arbeit zu definieren, können Sie ein wenig Zeit mit einer Tätigkeit verbringen, die weit weniger Prestige hat.
- Statt sich durch Ihr Geld zu definieren, können Sie in die Armenviertel Ihrer Stadt gehen und dort Freiwilligenarbeit leisten.

Viele dieser Aktivitäten gelten als gute Werke, aber vor allem sollen sie dazu dienen, die Grenzen dessen zu erweitern, wofür Sie sich halten. Wenn Sie Ihre Etiketten in sich tragen, werden sie Sie immer einengen, wohin Sie auch gehen. Betrachten Sie diese Vorschläge also als Einladungen, sich einzulassen, sich auf der Ebene des gemeinsamen Geistes zu engagieren. Messen Sie Ihre Erfolge daran, wie gut Sie Ihre Etiketten loswerden; das wird anderen helfen, auch die ihren loszulassen. Ist das bei Ihnen der Fall?

Führende sollten immer danach streben, die Seele der Gruppe zu sein. Sie können dieses Ziel in jeder Gruppe erreichen, wenn Sie in allen anderen die Seele erkennen. In dem Satz »Alle Menschen sind gleich geschaffen« steht das Verb im Präsens. Es heißt nicht: »Alle Menschen wurden gleich erschaffen.« Schöpfung geschieht jeden Augenblick. Das Leben erneuert uns. Wenn Sie sich von diesem Prozess tief berühren lassen, brauchen Sie keinerlei Etiketten. Eine Welle auf dem Ozean des Lebens zu sein, ist Ihnen dann großartig genug.

Zweiter Teil

Zwei, die mit Seele führen

8

Jeremy Moon
Gründer und CEO von »Icebreaker«

Icebreaker ist ein kleines Unternehmen, das Neuseelands Merinowolle international bekannt gemacht hat. Nichts an diesem
blühenden Unternehmen ist konventionell. 2005, als Icebreaker
zehn Jahre alt war, meinte ein Lokalreporter über den Hauptsitz
in Wellington auf Neuseelands Südinsel, er wirke wie eine riesige
Studentenparty, und der Gründer Jeremy Moon sei ein »offen-
herzig dreinschauender Wuschelkopf«. Doch abgesehen von dieser
jugendlichen Lässigkeit dachte der Wuschelkopf intensiv darüber
nach, wie ein Betrieb in der Welt stehen sollte und was ein moder-
nes Unternehmen auszeichnet.

Jeremy baute sein Unternehmen auf, indem er jeden Schritt als
Teil seiner eigenen Reise betrachtete, in der sich eine Vision zunächst
im Bewusstsein entfaltete und dann in der echten Geschäftswelt
Gestalt annahm. Es ist die Geschichte eines jungen Mannes, dessen Leben sich durch eine einzige Erfahrung veränderte. Heute
beschäftigt Icebreaker ein ungeheuer engagiertes Team, das vorhat,
das nachhaltigste Bekleidungsunternehmen der Welt zu werden.
Ihr Rohstoff ist wunderbare, nachwachsende, biologisch abbaubare
Merinowolle aus dem Süden der neuseeländischen Alpen. Aus Jere-
mys Sicht steht dieser Einsatz nach wie vor ganz im Einklang mit
jener ersten Erfahrung, die ihn so begeisterte.

Als ich Icebreaker gründete, war ich vierundzwanzig Jahre alt, pleite
und hatte keine Ahnung, was ich da tat. Aber ich brannte vor Leidenschaft für die Möglichkeit, die ich sah, und ich war überzeugt,

dass ich es schaffen konnte. Meine Begeisterung entzündete sich an einer Begegnung mit einem Schafzüchter. Während des Abendessens warf er mir ein T-Shirt aus einem Merinowollstoff zu, den er selbst entwickelt hatte. Es fühlte sich weich und angenehm an, überhaupt nicht wie gewöhnliche Wolle. Es war glatt statt kratzig, leicht statt schwer und konnte in der Maschine gewaschen werden. Ich dachte: »Wow, welch ein unglaublich schönes, praktisches, natürliches Material! Ich könnte das Produkt weltweit verkaufen!« Ich hatte vom ersten Augenblick an das Bild, wie ich um den Globus fliege und es mir gut gehen lasse. Ich hatte keine Ahnung, wie ein Unternehmen funktioniert, das Merinowolle verarbeitet, aber ich fühlte, ich könnte es schaffen. Ich habe Kulturanthropologie und Marketing studiert, von daher interessierte mich die Bedeutung von Dingen und ich wusste, wie man die Umsetzung von Ideen plant.

Zwei Monate lang vergrub ich mich in meinem Zimmer und überlegte, wie ich von Neuseeland aus ein internationales Unternehmen aufbauen könnte. Dazu brauchte es eine Vision. Neuseeland ist kein guter Standort für ein Unternehmen – niemand weiß, wo wir sind, und wir haben keine Nachbarn. Aber es ist ein toller Ort, um zu leben und mit der Welt Kontakt aufzunehmen. In meinem Geschäftsplan formulierte ich die grundlegenden Schritte, die für die Verwirklichung dieses Traums notwendig waren. Wer sollte zum Team gehören? Woher könnten wir Geld kriegen? Wie könnten wir die Herstellung und Vermarktung aufbauen?

Ich brachte den Mut auf, meinen Job zu kündigen, und lieh mir Startkapital. Es ging zunächst sehr langsam. Ich brauchte fünf Jahre, um ein Gefühl dafür zu bekommen, was ich da tat. Ich überlebte jene Jahre nur durch meine Begeisterung und meine Beharrlichkeit. Ich habe unendliche Mengen harter Arbeit hineingesteckt und ebenso unendlich viel Frust und Angst erlebt. Ich arbeitete siebzig bis hundert Stunden die Woche. Ich musste alles geben, denn wenn es schiefginge, wäre ich bankrott gewesen. Dabei verlor ich nie meine Fähigkeit, den größeren Zusammenhang zu sehen. Ich habe nie an unserem potenziellen Erfolg gezweifelt. Mein Mantra war: »Wenn ich es nicht vermassele, wird es klappen.« Ich habe die volle Verantwortung für meine Zukunft übernommen.

Im Laufe der letzten fünfzehn Jahre habe ich einiges über das Führen gelernt, und ich gebe das gerne weiter. Für mich war das Führen eine Entwicklung. Jemand sagte mir einmal: »Wenn du dein eigenes Unternehmen hast, erlebst du in einem Monat mehr Durchbrüche und Zusammenbrüche als die meisten Menschen in einem ganzen Jahr.« Jedenfalls fühlte es sich für mich so an. Alle paar Jahre musste ich meine eigenen Leistungen und die des Unternehmens kritisch unter die Lupe nehmen, um bessere Wege zu finden, die Menschen zu führen, mit denen ich arbeite, und um unseren Kunden bessere Produkte zu bieten.

Ich habe das Unternehmen nicht gegründet, weil ich Chef sein wollte. Ich hatte eine tiefe Verbindung mit der Merinowolle hergestellt, weil ich mich als Neuseeländer fühle, wegen meiner Liebe zum Abenteuerleben und meinem Glauben an die Natur. Führung begann, als ich andere in das Icebreaker-Konzept einbeziehen musste. Es ging nicht nur ums Geld. Ich wollte Menschen, denen das Ganze am Herzen lag und die mir helfen konnten. Ich hatte die Ideen und die Überzeugung, doch es fehlte mir an Erfahrung und Weisheit. Freunde stellten mich ihren erfolgreichen Unternehmer-Vätern vor. Einer von ihnen, ein Banker, fragte mich nach meiner Finanzplanung. »Was ist eine Finanzplanung?«, erwiderte ich. Er bot an, es mir zu zeigen, und nach drei Wochen Coaching hatten wir unseren ersten Finanzplan ausgearbeitet.

Einer der ersten Investoren lehrte mich, wie wichtig Mitarbeiter sind. Ich merkte, wie wichtig es war, dass sich jeder als Teil von Icebreaker fühlte, und ich lernte, es wie ein großes Familienunternehmen zu führen. Das lag mir, denn ich komme aus einer starken Familie und wollte etwas aufbauen, an dem die Leute teilhaben können.

Ich habe über die Hälfte meines Startkapitals ins Design investiert. Viele hielten mich für verrückt, aber ich wollte vor allem ein nachhaltig wirksames, echtes Markenleitbild aufbauen. Es ging mir um die Geschichte einer Faser, die auf einem Tier wächst, das in den Bergen Neuseelands lebt; einer Faser, aus der sich Kleidung machen lässt, die es Menschen ermöglicht, in die Berge zurückzugehen und sich mit der Natur zu verbinden. Wir sind tief in diesen kraftvollen Zyklus eingetaucht, um die faszinierende Geschichte der Entstehung des

Produkts visuell zu vermitteln. Ich liebte es. Ich fühlte mich lebendig. Meine Kreativität erwachte.

Es war widersinnig, dass in einem Land, welches für drei Dinge bekannt ist – Abenteuerleben, Naturschönheiten und Schafe –, alle Outdoor-Bekleidung aus synthetischen Fasern bestand. Warum sollten wir nicht etwas Natürliches tragen? Merino ist eine leistungsstarke Faser, die niemand beachtete. Es war eine Riesenchance, aber es gab auch riesige Hindernisse. Als ich mich auf den Markt begab, waren synthetische Fasern alles und Wolle nichts. Es war an mir, den Leuten etwas anderes beizubringen.

Meine erste Angestellte war Michelle Mitchell, eine gute Freundin, die so viel Vertrauen in meine Sache hatte, dass sie ihren Anwaltsberuf aufgab, um mit mir zu arbeiten. Gemeinsam begannen wir, die zentralen Werte des Unternehmens zu erarbeiten. Michelle sagte zu mir: »Ein integrer Mensch ist bei der Arbeit und in der Freizeit derselbe Mensch.« Die Idee inspirierte mich; ich nahm mir sofort vor, sie bei Icebreaker umzusetzen. Wir öffneten uns nach allen Seiten für Informationen. Unsere Händler brachten uns etwas über die Bekleidungsindustrie bei und gaben mir Rückmeldung, was lief und was nicht. Unsere Auslieferer zeigten uns, wie man Kleidung macht, wie man ein Lager aufbaut und wie wir unsere Waren ausliefern sollten. Ich lernte auch von anderen, die ins Unternehmen kamen. Manchmal verbrachte ich schlaflose Nächte, so aufgeregt war ich. Ich spürte, wie sich mein Geist und meine Seele erweiterten.

Im ersten Jahr brauchten wir den größten Teil unseres Kapitals auf. Im zweiten Jahr hatten wir vierzig Händler als Kunden gewonnen und machten den ersten Umsatz. Im dritten Jahr konnten wir weitere drei Leute einstellen, alle jung und unerfahren. Nichts schien so zu funktionieren, wie wir es uns vorstellten, und alles schien schwierig. Es gab Frust und Tränen und viele, viele lange Nächte. Aber wir waren entschlossen, dass Icebreaker es schaffen sollte.

Langsam lernten wir, als Team zusammenzuarbeiten. Wir experimentierten mit verschiedenen Stilen. Wir legten Kleidungsstücke auf den Tisch und drapierten Stoffstücke darüber, um zu sehen, wie es aussehen würde. Unsere ersten Teile waren natürlich sehr einfach, aber genau darin lag eine gewisse Schönheit: Sie waren ehrlich, funktionell, das Material sah gut aus und fühlte sich wunderbar an. Wir waren auf einem guten Weg, das wussten wir, denn unsere Kunden kamen immer wieder zu uns zurück. Sie sagten uns, die Icebreaker-Sachen fühlten sich toll an, funktionierten prima, hielten ewig und seien überhaupt das Beste, was sie je getragen hätten. Vieles veränderte sich, als wir Farben ins Spiel brachten. Ich weiß, es ist kaum zu glauben, dass ein Bekleidungsunternehmen nicht erkannte, wie wichtig Farben sind. Unsere ersten Kleidungsstücke waren blau und weiß, dann nahmen wir grüne, rote und schwarze dazu. (»Wer will denn was Schwarzes kaufen?«, meinte ich. Heute ist das unsere meistverkaufte Farbe.)

Die Firma wuchs, und wir entdeckten, dass bei leichter Merinokleidung, wenn sie übereinander getragen wird, die Luft zwischen den Lagen zusätzlich isolierend wirkt: Die Schichten wirken zusammen wie ein einziges Kleidungsstück, nur wärmer. Das war ein Durchbruch, der uns inspirierte, unser Angebot von Unterwäsche auf ein ganzes Schichtensystem auszudehnen. Heute, nach fünfzehn Jahren, haben wir Niederlassungen in acht Ländern, wir kaufen ein Viertel der neuseeländischen Jahresproduktion an Merinowolle, exportieren unsere Produkte in dreißig Länder und haben weltweit Millionen von Kunden. Ich habe mir geschworen, dass wir in den nächsten fünfzehn Jahren außerordentliche Dinge erreichen und daran mitwirken werden, Unternehmen zu einem neuen Gesicht zu verhelfen. Für mich begann das Führen mit der Begeisterung für eine Idee. Heute geht es darum, andere zu begeistern, ihr Potenzial zu erschließen. Ich bin stolz darauf, sagen zu können, dass jene Leute, die damals mit mir angefangen haben, im Unternehmen auch heute noch eine wichtige Rolle spielen. Weitere 250 Mitarbeiter sind hinzugekommen. Zusammen mit unseren Zulieferern, Kunden und unserem Leitbild wird dieses Team bestimmen, was aus Icebreaker in der Zukunft werden wird.

Jeremy Moon und L-E-A-D-E-R-S

Nachdem er seinen Weg mit Icebreaker beschrieben hatte, analysierte Jeremy seine Erfahrungen als Führungskraft mithilfe des Akronyms L-E-A-D-E-R-S. Seine Anmerkungen waren genau und inspirierend.

Look and Listen – Hinschauen und Zuhören:

Am Anfang habe ich mir zwei wichtige Fragen gestellt: Wem sollten wir zuhören, und warum? Es gab noch kein Produkt, also musste ich auf das hören, was um mich herum los war. Die Kunden von Icebreaker wollten etwas Reales, Authentisches. Sie sagten uns, sie wollten Kleidung, die leistungsstark und haltbar ist und die sich eignet, wieder mit der Natur in Verbindung zu kommen.

Wie ich herausfand, gaben unsere Kunden ihr Wissen gerne an einen jungen Menschen weiter, der dringend lernen wollte. Mein erster Kunde sagte zu mir, ich könne gut zuhören. Das war eine echte Win-win-Situation und ein guter Weg, eine Beziehung aufzubauen.

Ich hörte auch dem Aufsichtsrat von Icebreaker zu, der sich einmal im Monat für einen halben Tag versammelte. Sie stellten große Fragen: »Wie wird Icebreaker in drei Jahren aussehen? Investieren wir genug in die Zukunft? Ist das Unternehmen innerlich gesund? Um welche strategischen Fragen müssen wir uns kümmern?« Wenn ich bis über beide Ohren im Alltagsgeschäft der Unternehmensführung steckte, halfen mir solche Fragen, den größeren Zusammenhang im Auge zu behalten. Für mich ging es beim Führen immer darum, die richtigen Fragen zu stellen, um den nächsten Entwicklungsschritt auszulösen.

Die Menge an Fragen nahm ab, als das Bild klarer wurde und ich lernte, andere zu führen; aber nach wie vor müssen direkte, tiefe Fragen gestellt werden: »Was ist wirklich wichtig? Wie kann ein Unternehmen zur Gesellschaft beitragen? Wie kann eine Organisation Bewusstheit verbreiten?« Diese Entwicklung endet nie, daher kann man nie aufhören, hinzuschauen und hinzuhören.

Emotionale Verbindung:

Die Welt wird immer schneller, und es gibt immer mehr Technologien, aber in der Geschäftswelt hat sich eigentlich nicht viel verändert. Es dreht sich alles um Beziehungen. Icebreaker hat Beziehungen zu Zulieferern, Händlern und Kunden. Wir machen keine Werbung, und doch haben wir es geschafft, nur über Mund-zu-Mund-Propaganda ein recht großes Unternehmen aufzubauen.

Wir sind davon abhängig, eine emotionale Bindung herzustellen. Ein Weg dazu ist der »Baacode«, ein Programm, mit dem die Kunden die Fasern ihres Kleidungsstücks bis zu der Schaf-Farm zurückverfolgen können, wo die Wolle herkam. Durch diese Transparenz können wir mit dem Baacode in der ganzen Handelskette gewisse Standards für Qualität, Umweltfreundlichkeit und Umgang mit Mensch und Tier durchsetzen.

Unsere inneren Beziehungen sind mir auch sehr wichtig. Die ersten Mitarbeiter von Icebreaker waren Freunde von mir, Leute, mit denen ich bereits gut auskam. Wir waren alle ein bisschen verrückt und abenteuerlustig. Ich war mir sehr bewusst, wie jede neue Person das Team beeinflusste. Neue Leute mussten mit der bereits existierenden Gruppe auskommen. Es mussten nicht alle gleich sein, aber es sollte eine echte Synergie herrschen.

Wir haben eine unglaublich lebendige, lustige Unternehmenskultur. Es geht sehr kreativ zu und sehr zielgerichtet. Meine Aufgabe ist es, sicherzustellen, dass wir diese Kultur pflegen und nie für selbstverständlich nehmen. Das wird schwerer, je mehr wir wachsen und zu einem Milliarden-Dollar-Unternehmen werden, aber ich weiß, es ist möglich. Wenn ich über Führen und emotionale Bindungen nachdenke, läuft es auf einen zentralen Gedanken hinaus: Wie kann man es anderen ermöglichen, einen Beitrag zu leisten? Die Leute geben nur alles, wenn sie sich wirklich als Teil des Unternehmens fühlen.

Awareness – Bewusstheit:

Führen bedeutet, dass man sich seines Einflusses auf andere bewusst ist. In dem tollen Buch »Führen, gestalten, bewegen«, das er mitgeschrieben hat, sagt der Dalai Lama, es gehe darum, zuerst die rechte Sichtweise und dann den rechten Weg zu finden. Ein Bewusstsein des rechten Blickwinkels ist im Geschäftsleben ungeheuer wichtig: Es ist leicht, die Dinge aus einer Perspektive zu sehen, aber man braucht fast eine 360-Grad-Rundumsicht. Und der rechte Weg verweist dann auf die rechten Dinge, die es zu tun gilt, auf Grundlage der Werte, der Ethik und des Zwecks des Unternehmens. Bei Icebreaker haben wir einen Prozess, der uns hilft, unsere Sichtweisen zu integrieren. Wenn wir neue Produkte oder Systeme entwickeln, holen wir die Ansichten von allen ein, die betroffen sind. Die besten Entscheidungen, die wir fällen, beziehen eine vollständige Sicht dessen ein, was vor sich geht, und das offenbart den richtigen Weg. Mein größter Bewusstseinswandel fand statt, als ich begann, Icebreaker als Geschäftsmodell zu betrachten. Wir nennen unser Modell »Öko-System«, weil es Ökologie, Ökonomie und Ressourcen zusammenbringt. Unser Ziel ist profitable Nachhaltigkeit. Wenn Sie wirklich bewusst sind, erkennen Sie, dass die Zukunft auf nachhaltigen Unternehmen beruhen muss, und Icebreaker ist das von Anfang an gewesen.

Doing – Tun:
Träume und handle: Das ist die richtige Ordnung. Es ist schwer, ein sinnvolles Leben zu führen, wenn man nur mit Tun beschäftigt ist. Und träumen, ohne zu handeln? Ich kennen niemanden, der es ohne zielgerichtete, harte Arbeit zu etwas gebracht hat. Es ist die Kombination, die Menschen inspiriert und mit ihrem Dharma, mit ihrem Lebenssinn verbindet. Ich träume davon, dass Icebreaker das nachhaltigste Unternehmen der Welt wird und das sauberste Bekleidungsunternehmen. Wir zeigen, dass es möglich ist, ein erfolgreiches Unternehmen aufzubauen und dabei stolz zu sein auf das, was man ist, was man beiträgt und was das Unternehmen macht.
Für mich beginnt ein Traum mit einer Möglichkeit. Allmählich wächst die Möglichkeit und wird zu einer Welle von Energie – einem Gefühl, mit dem Sinn meines Lebens im Einklang zu sein. Das erfordert Praxis und Vertrauen. Meine Intuition hat mich nie im Stich gelassen. Die erfolgreichen Menschen, die ich kenne, vertrauen auf ihr Bauchgefühl. Sie analysieren die Fakten, aber dann gehen sie tief in sich und warten darauf, dass sich die Antwort zeigt – vielleicht mitten

in der Nacht, vielleicht unter der Dusche, vielleicht beim Tennis oder bei einem Glas Wein mit Freunden. Es ist so wichtig, sich selbst zu vertrauen, um das Gefühl tief in sich wahrzunehmen, bevor man aktiv wird. Tun beruht auf Bewusstheit.

Empowerment:
Wenn Sie ein Unternehmen führen, bedeutet Empowerment, den Menschen, mit denen Sie arbeiten, Gelegenheit zu bieten, ihre eigene Kraft zu finden. Es geht um spirituelle Kraft, kreative Kraft, Urteilskraft, mentale Kraft und den Einfluss auf andere. Empowerment motiviert andere, einen Beitrag zu leisten. Sie fühlen sich wertgeschätzt und erkennen, dass ihr Beitrag wichtig ist. Ich möchte, dass andere spüren, wie die Kraft in ihnen wächst. Ist diese Kraft positiv, werden sie Ihnen und dem Unternehmen gegenüber loyal bleiben. Ist die Kraft negativ oder nur durch Geld motiviert, werden Sie beim nächstbesseren Angebot das Nachsehen haben.

Wir haben bei Icebreaker schon früh eine entsprechende Kultur auf den Weg gebracht, deshalb hat sich alles positiv entwickelt. Es ist ein Netzwerk authentischer Beziehungen. Offenheit, Direktheit und Aufrichtigkeit bewirken in einer Organisation echtes Empowerment. Dann kann das Unternehmen Großes erreichen. Man muss allerdings auch wissen, wann es Macht abzugeben gilt. Um das langfristige Potenzial von Icebreaker freizulegen, musste ich die Machtzentrale von mir auf mein Managementteam verlagern. Vor sieben Jahren, als dieser Schritt anstand, fragte ich einen Unternehmensberater, wie ich mich aus seiner Sicht als CEO so machte. Er sagte: »Sie sind kein CEO. Sie sagen den Leuten, was sie tun sollen, und Sie haben all diese persönlichen Zweierbeziehungen. Wie können Sie im Unternehmen ein Netzwerk von Beziehungen aufbauen, damit die anderen untereinander herausfinden können, was zu tun ist?«

Das zu hören war nicht leicht für mich, aber es war ein Wendepunkt. Als ich mit Icebreaker anfing, musste ich alles alleine machen. Es war schwer, loszulassen, und das Unternehmen wuchs deshalb nur langsam. Wir haben vier Jahre gebraucht, um fünf Millionen Dollar Umsatz zu machen, und ich war die hemmende Kraft. Zwei Jahre später nahm Icebreaker zwanzig Millionen Dollar ein. Was war geschehen? Ich hatte gelernt zu delegieren. Ich lernte, meine Rolle darin zu sehen, die richtigen Leute zu finden und ihnen die Macht zu geben, die Funktionen auszufüllen, die ich meinte, nur selbst erledigen zu können. Fünf Jahre später hat das Unternehmen mehr als 100 Millionen Dollar umgesetzt, und es wächst immer weiter.

Anderen Macht zu geben, ist eine Möglichkeit, ihnen zu vermitteln, dass man ihrem Urteilsvermögen und ihrer Leistung vertraut. Man gibt ihnen Raum, sich selbst zum Ausdruck zu bringen. Bei Icebreaker geht es in erster Linie um unsere Leute. Als Führungsperson sorge ich dafür, dass das so bleibt. Produkte kommen und gehen, aber unsere Unternehmenskultur muss stark, gesund, offen, ehrlich und lebendig bleiben, wenn wir langfristig erfolgreich sein wollen.

Responsibility – Verantwortung:
Ich dachte immer, Verantwortung sei eine Bürde. Heute weiß ich, sie bedeutet die Freiheit der Wahl. Wenn Sie ein Unternehmen führen, treffen Sie Entscheidungen, wie das Unternehmen ethisch wachsen soll. Das bedeutet, sich auf das Unbekannte einzulassen, was immer mit einem gewissen Risiko einhergeht. Es gibt zwei Arten von Risiken: verantwortungsbewusste und waghalsige Risiken. Ich war schon immer abenteuerlustig. Die Leute denken deshalb, ich sei risikofreudig, aber das stimmt nicht. Die Risiken, die ich mit Icebreaker eingegangen bin, waren immer kalkuliert. Ich habe die Situation überprüft, die richtige Perspektive eingenommen und dann in dem Wissen gehandelt, dass das Risiko verantwortbar war. Wer beim Führen keine Risiken eingeht, entzieht sich der Verantwortung. Doch das gilt auch, wenn man nicht loslässt und anderen die Macht vorenthält, eigene Risiken einzugehen.

Für mich war das ein Reifungsprozess. Ich fühle mich für unsere Produkte und die Marke verantwortlich, ebenso für die richtige Ausrichtung. Aber die geschäftlichen Dinge sind nicht alles. Die Leute schauen auf den CEO, also muss ich mir bewusst sein, wie ich mich verhalte und wie es auf andere wirkt. Ich muss die richtige Balance zwischen Arbeit, Liebe und Spiel finden. Wenn wir alle diese drei Bereiche kontinuierlich weiterentwickeln, werden wir ein reichhaltiges, harmonisches Leben führen.

Synchronizität:

Unternehmer reden oft von Synchronizität. Wir kennen das Gefühl, zur richtigen Zeit am richtigen Ort zu sein, aber es geht noch darüber hinaus. Im Laufe des Prozesses suchen wir nach etwas, ringen mit einem Problem, das wir nicht lösen können, und dann taucht plötzlich ein Weg auf. Eine zufällige Begegnung brachte mich mit der Merinowolle in Kontakt. Diese Begegnung ermöglichte es mir, eine innere Verbindung herzustellen und das Leben zu führen, das ich leben möchte. Eine zufällige Begegnung, die Absicht, etwas zu tun, oder das Verlangen, ein Problem zu lösen – die mysteriöse Art, wie die Synchronizität unsere Leben zu einem Muster verwebt, ist unter Leuten, die einen Weg gefunden haben, ihr Schicksal in die Hand zu nehmen, ein bekanntes Thema.

Am meisten fühle ich mich »in the zone« [siehe S. 85 f.], wenn die Synchronizität mit einem tiefen inneren Anliegen zusammenfällt: Meine Kreativität intensiviert sich dann, ebenso meine Fähigkeit, andere zu inspirieren. Ich bin nicht immer in diesem Zustand, aber wenn ich darin bin, fühlt es sich großartig an. Der Trick liegt darin, nicht zu sehr festzuhalten oder sich zu sehr auf ein Ergebnis zu fixieren.

Wenn wir uns für neue Möglichkeiten öffnen, entsteht Lebendigkeit. Sind wir mit unserer Kreativität verbunden, ist es wichtig, zu merken, wie sich das anfühlt. Ich glaube, Synchronizität entsteht aus diesem Zustand heraus. Seien Sie offen dafür. Fürchten Sie sich nicht, offen zu erklären, wonach Ihre Seele verlangt. Richten Sie Ihre Absicht danach aus und schauen Sie, wo es Sie hinführt.

Synchronizität kann nur richtig wirken, wenn Sie innerlich von einem Gefühl der Sinnhaftigkeit erfüllt sind. Unsere Fähigkeit, uns auf unseren tiefsten Sinn einzulassen, bildet den Kern unserer Fähigkeit, andere zu inspirieren und zu führen. Das ist es, worum es beim Führen eigentlich geht.

Als ich an der Universität Marketing studierte, hörte ich von einer Philosophie, die mein Leben veränderte: »Um in der Geschäftswelt das zu bekommen, was du willst, musst du anderen geben, was sie wollen.« Es ist eine Variante der goldenen Regel, jenes ethischen Grundsatzes, den es in vielen Kulturen der Welt gibt: »Behandle andere so, wie du selbst behandelt werden möchtest.« Um diesem Leitsatz zu folgen, müssen wir uns fragen: »Was will ich?«

Für mich konnte es nicht nur um Geld gehen, das hätte mich nicht interessiert. Die Gier würde überhand nehmen, und es könnte nur schiefgehen. Ich wollte mich lieber der Herausforderung stellen, etwas Größeres zu schaffen, etwas, zu dem andere etwas beitragen können.

Wie kann die Geschäftswelt Gutes bewirken? Wir müssen die Methoden der alten Schule, in der es um die rein gewinnorientierte Ausbeutung von Ressourcen, der Umwelt und der Arbeiter ging, hinterfragen. Stellen Sie sich eine Gesellschaft vor, in der die führenden Unternehmer dafür bekannt sind, wie sie andere inspirieren und großartige Unternehmenskulturen bilden, statt nur berühmt dafür zu sein, hohe Gewinne beiseitezuschaffen. Das ist die Gesellschaft, in der ich leben will, und das ist die neue Art von Führungskräften, die ich in aller Welt auftauchen sehe.

9

Renata M. Black

Gründerin der »Seven Bar Foundation«

Von all den Führungskräften, die das Gesicht der weltweiten karitativen Hilfe verändern, ist Renata M. Black eine der inspirierendsten. Sie strahlt Jugendlichkeit und grenzenlose Begeisterung aus. Schon als Jugendliche hatte Renata die Idee, den Armen zu helfen, und sie hat ihren Traum Schritt für Schritt so erfolgreich entwickelt, dass sie jetzt globalen Einfluss hat. Ihre Stiftung verwandelt Profite in Mikrokredite – eine revolutionäre Veränderung gegenüber dem alten Modell der Almosen vonseiten der Reichen für die Armen. Die von ihr initiierte Seven Bar Foundation ist ein soziales Unternehmen, das auf Renatas Beobachtung aufbaute, dass es in den Vereinigten Staaten noch eine offene Marktnische für europäische Luxusdessous gab (sie sagt gerne, dass Seven Bar Sinnlichkeit und Verführung nutzt, um soziale Verbesserungen zu bewirken). Die mit dem Seven Bar Logo versehenen und über Einzelhändler und Fashionshows vertriebenen Luxusdessous tragen dazu bei, Frauen in aller Welt Mikrokredite zu geben.

Die harte Wahrheit ist, dass das Spendenaufkommen in der Welt nicht ausreicht, um alle Probleme zu lösen. Das Hindernis ist nicht der Mangel an Großzügigkeit. Allein 2010 wurden in den Vereinigten Staaten 316 Milliarden Dollar für wohltätige Zwecke gespendet. Aber auch diese großherzige Spendenbereitschaft stößt an Grenzen: Sobald Sie einer hilfsbedürftigen Hand etwas gegeben haben, wird Ihnen die nächste hingehalten. Renata stellte sich eine entscheidende Frage: »Könnten wir nicht einen Teil dieser

316 Milliarden Dollar in gemeinnützige, also nicht gewinnorientierte Nonprofit-Organisationen investieren, die die Selbsthilfe fördern?« Ihrer Ansicht nach müssten Nonprofit-Organisationen nicht fleißiger arbeiten, sondern klüger. Der Zustand der Welt kann nicht allein der Hoffnung und der unberechenbaren Großzügigkeit von Spendern überlassen werden.

Seven Bar spezialisierte sich auf Mikrokredite für Frauen, und das hatte seine Gründe. »Ich entschied mich, Frauen als mein Mittel für transformative Veränderungen zu wählen, weil sie einfach die Wurzel der Gesellschaft sind, von der alles ausgeht«, sagt Renata. »Kindererziehung, Familienumfeld, Gesundheit, Bevölkerungswachstum – all das hängt davon ab, wie sich Frauen verhalten. Meiner Überzeugung nach verwenden Frauen ihren Gewinn auch eher für das Wohlergehen der Kinder, als es Männer tun. Wenn Sie in eine Frau investieren, helfen Sie also auch, den Armutszyklus nicht in die nächsten Generation zu tragen.«

Wie andere, die mit Seele führen, sah auch Renata den neuen Trend im kollektiven Bewusstsein. Immer mehr Verbraucher entscheiden sich auf Grundlage ihrer persönlichen Werte. Sie sagt: »Produkte sind nicht mehr Dinge, die wir nötig haben – sie sind zum Ausdruck dessen geworden, woran wir glauben. Forschungsergebnissen zufolge sind 89 Prozent der Konsumenten geneigt, die Marke zu wechseln, wenn die neue Marke mit einer guten Sache einhergeht. Und für die nächste Generation gilt das noch viel mehr.« Genau wie Jeremy Moon erzählt Renata ihre Geschichte am besten selbst:

Manche arbeiten jahrelang auf jenen erhellenden Moment hin, aber manchmal entsteht er einfach, ohne dass man ihn gesucht hat: ein Augenblick, in dem sich entscheidet, wie man den Rest seines Lebens verbringen wird. Mir widerfuhr das im Alter von fünfzehn Jahren. Teenager zu sein war für mich äußerst verwirrend. Meine Eltern waren bei einem Flugzeugunfall ums Leben gekommen, als ich noch recht klein war. Ich wurde von einer Tante und einem Onkel in den USA adoptiert und verbrachte dort meine Kindheit. Da ich nie so recht wusste, wer ich wirklich bin, beschloss ich als Jugendliche, zurück nach Kolumbien zu gehen, um meine Wurzeln zu finden. Ich erlebte die Kultur, die Menschen dort und ihre Begeisterung für das Leben. Mit fünfzehn sehnt man sich nach so einem Gefühl der Zugehörigkeit. In derselben Zeit hatte ich eine plötzliche, einschneidende Begegnung mit Armut: Eines Tages war ich in den falschen Bus eingestiegen und landete auf der »falschen« Seite des Berges. In den USA hatte ich schon arme Menschen gesehen, aber was ich an jenem Tag in Kolumbien erlebte, gab dem Ganzen eine völlig neue Dimension.

Auf dieser versehentlichen Busfahrt wurde mir bewusst: Ich hätte auch als eines dieser Kinder in einem dieser Papphäuser landen können. Tausende von ihnen hatten nicht das Glück, das ich gehabt hatte. An jenem Tag wurde mir klar, welchen Sinn mein gesamtes Leben haben sollte. Manche meiner Freunde witzeln liebevoll, ich müsse mich wohl irgendwie infiziert haben, weil ich so von dieser Aufgabe besessen bin. Ich sehe das anders: Ich habe das Glück, genau zu wissen, warum ich auf diesem Planeten bin. Ich empfinde eine Verantwortung, die weit über meine eigene Person hinausgeht. Ich schulde es meinen verstorbenen Eltern, dafür zu sorgen, dass ihr Leben gezählt hat. Ich schulde es meinen Adoptiveltern für all die Opfer, die sie für meine Erziehung gebracht haben. Und vor allem schulde ich es meinem Volk in Kolumbien, dessen Existenzgrundlage ich verbessern kann. Vom Rest der Welt aus gesehen bedeutet ein Leben in den USA, den Gipfel des Berges erreicht zu haben. Ich betrachte es als eine Verpflichtung, diese Art von Chancen, die die Amerikaner für selbstverständlich halten, auch dem Rest der Welt mit all seinem unerfüllten Potenzial zukommen zu lassen.

Bevor ich meine jugendlichen Ideale verwirklichen konnte, musste ich damit fertig werden, wie ungeheuer groß die Armut ist. Was kann ein Mensch da schon tun? Und warum sollte es irgendjemanden kümmern, was in Kolumbien los ist? Ich wollte eine wirklich nachhaltige Wirkung erzielen, also tat ich erst einmal das, was jeder normale Jugendliche tut, um Antworten zu finden: Ich lernte. Nach meinem Abschluss an der University of North Carolina hatte ich zwar die richtigen Fertigkeiten erworben, um materiell erfolgreich zu werden, aber das reichte nicht. Ich wollte nicht erfolgreich sein, ohne meinem Leben einen Sinn zu geben. In meiner nächsten Lebensphase reiste ich daher um die Welt und leistete in verschiedenen Ländern ehrenamtliche Arbeit. In Hongkong arbeitete ich mit behinderten Kindern, in Neuseeland mit geistig behinderten Alten und in Indien mit Opfern des Tsunamis von 2004, die versuchten, ihre Dörfer wiederaufzubauen.

Während dieses letzten Projekts sprach mich einmal eine verzweifelte Frau an und sagte auf Hindi: »Ich weiß, dass du Geld hast, aber das will ich nicht. Warum zeigst du mir nicht, wie ich selbst Geld verdienen kann?« Das war ein zweiter entscheidender Augenblick für mich, der mein Leben beeinflusste. Zu jener Zeit wusste ich nicht, wie ich ihr beibringen konnte, Geld zu verdienen, aber ich machte mich auf, es herauszufinden.

Ich hatte bereits gesehen, wie nachteilig Hilfe von außen wirkte: Die Armen wurden dadurch nur noch abhängiger, und wenig geschah, was sie selbstständiger machte (im Laufe der letzten dreißig Jahre erlebten die am meisten von Hilfe abhängigen Länder ein durchschnittliches Negativwachstum von minus 0,2 Prozent). Der einzige Weg, diesen Zyklus zu durchbrechen, bestand darin, ihnen echte Chancen zu bieten. Mikrokredite bedeuten, dass Menschen ein kleines Darlehen als Startkapital für ein eigenes Unternehmen bekommen. Es ist eine Strategie, aus der Armut herauszukommen, weil die Person, die das Darlehen erhält, sich bemüht, etwas zu erreichen. Diese Art von Anreiz bewirkt genau das Gegenteil von einfacher Hilfeleistung.

Meine Lebensaufgabe entfaltete sich derart, dass ich ein soziales Unternehmen aufbauen wollte, welches weltweit Leitersprossen anbietet, um sich aus der Armut emporzuarbeiten. Ich bin heute in einem Unternehmen, welches unterprivilegierten Frauen durch Mikrokredite solche Leitersprossen anbietet.

Ich meine, dass die Zukunft des Nonprofit-Sektors in solchen sozialen Unternehmen liegt. Ein soziales Unternehmen unterscheidet sich von einer Wohltätigkeitsorganisation darin, dass es wie ein Unternehmen geführt wird und nicht von unberechenbarer Großzügigkeit abhängig ist. Wenn wir die gute Sache mit Produkten verbinden, verhelfen wir den Konsumenten zu einem Wohlfühl-Kauf. Gleichzeitig wird den Nonprofit-Organisationen ein sichereres Einkommen verschafft.

Heute sind die »Lingerie«-Dessous-Fashionshows in Miami, New York, Los Angeles und in fünfzehn anderen Städten eine deutlich sichtbare Plattform für die »Seven Bar Foundation«-Marke. Mit der »Lingerie Miami« wurde die Seven Bar Foundation 2009 zum ersten Mal als Marke vorgestellt. Es gab 170 Millionen Media Impressions, 120 Artikel weltweit und ungefähr einen Werbewert von ungefähr 1,7 Millionen Dollar. Mit nur einem Auftritt haben wir also eine kritische Masse an Bewusstheit erreicht.

2010 wird »Lingerie New York« die weltweit erste Couture-Linie von Atsuko Kudo zeigen, deren Entwürfe von Berühmtheiten wie Eva Mendes, Beyoncé und Lady Gaga getragen werden. Um den Käufern die Möglichkeit zu geben, direkt vom Laufsteg zu kaufen, setzt die Foundation die hochmoderne Technik des Overlay-TV ein. Die Videoübertragung der Fashionshow wird auf den meistbesuchten Fashion- und Media-Webseiten direkt per Streaming übertragen, und die Konsumenten können die Produkte dann per Klick über die Freeze-Frame-Technik erwerben.

Als Teil unseres Geschäftsmodells für soziale Wirksamkeit schicken wir unsere Shows um die Welt und vermitteln so unsere Botschaft der nachhaltigen Entwicklung an die nächste Generation. Der Erfolg der ersten Shows hat Seven Bar seine erste »Cause-Marketing«-Aktion ermöglicht. Wir haben uns mit der Kosmetikfirma Fusion Brands zusammengetan und eine »Kiss away Poverty«-Kampagne gestartet. Von jedem verkauften Lipgloss ging ein Dollar an die Foundation. In den ersten drei Monaten der Kampagne wurden über 100.000 Stück Lipgloss verkauft, das waren 100.000 Dollar für uns. Die Steigerung der Verkaufszahlen hat Fusion Brands bewogen, die Kampagne global auszuweiten und das Bild und Logo von Seven Bar auf ihre Lipgloss-Verpackungen und in die Werbung einzubauen.

Die Shows sollen die Menschen inspirieren, zwei völlig unterschiedliche Konzepte wie Luxusdessous und Mikrokredite zu einer transformierenden Kraft zusammenzubringen. Alle »Lingerie«-Produkte und -Veranstaltungen tragen das Symbol der Leiter, als Zeichen für eine Hand, die hinaufhilft, anstatt Almosen hinabzureichen. Mein

Ziel ist es, die Attraktivität von Luxusdessous zu nutzen, um unterprivilegierten Frauen in aller Welt Auswege anzubieten, und zwar weit über mein eigenes Leben hinaus. Ich glaube, dass Unternehmen, die sich für »Gewinn mit Sinn« entscheiden, mehr als nur ein Produkt oder eine Dienstleistung hinterlassen. Sie hinterlassen ein Vermächtnis.

Renata M. Black und L-E-A-D-E-R-S

Look and Listen – Hinschauen und Zuhören:
Für mich sind Hinschauen und Zuhören Aspekte von Empfänglichkeit. Zu den Fähigkeiten, die mich zu dem gemacht haben, was ich heute bin, gehört es, die Stimmungen von Menschen zu spüren. Das ermöglicht es, die Befindlichkeit eines anderen schnell einzubeziehen oder anzusprechen. Zu meinem kulturellen Erbe gehört unter anderem ein gewisses Taktgefühl, das auf einer intuitiven Wahrnehmung anderer beruht. Empfängliches Hinschauen war es auch, was mich eine ungenutzte Marktnische erkennen ließ. Ich stimmte mich auf die Trends einer Bevölkerung ein. Ich spürte auch, dass die Unterstützung von Mikrokrediten attraktiver werden musste. Das Design der Produkte, die wir vermarkten, ist sinnlich und verführerisch, die Kunden sehen also etwas, das sie zum Kaufen reizt und dazu das angenehme Gefühl hinterlässt, zu einer guten Sache beigetragen zu haben.

Emotionale Verbindung:
Ich strebe jeden Tag danach, emotionale Verbindungen herzustellen, und wenn ich eine hergestellt habe, versuche ich, sie zu halten. Emotionen sind wie Blumen, die ständig genährt werden müssen, um zu wachsen und zu blühen. Die Art, wie Emotionen gesteuert werden – positiv oder negativ –, bestimmt, wie sich die Welt weiterdreht, wie sich Märkte bewegen, wie Menschen reagieren, wie Bedürfnisse erfüllt werden. Meine eigenen Gefühle haben mich dahin gebracht, wo ich heute bin. Ich fing mit einer plötzlichen Verbindung zu den Armen in Kolumbien an. Diese Verbindung führte

zu der Überzeugung, dass ich einen Beitrag leisten kann, und diese Überzeugung hat zu Chancen geführt.

Ich erkenne immer mehr, dass wir eigentlich eher in Menschen investieren als in Ideen. Jede Transaktion beruht auf Gefühlen wie Vertrauen, Hoffnung, Begeisterung, Mitgefühl und Großzügigkeit. Meine Stiftung arbeitet letztlich im Markt der Emotionen und handelt mit ihren Werten. Die Empathie unserer Kunden mit unterprivilegierten Frauen stimuliert den Kauf genauso wie das ganz andere Gefühl der Sinnlichkeit, das von Luxuswäsche ausgeht. Unsere Marke beruht auf dem Verschmelzen dieser beiden scheinbar so entgegengesetzten Gefühle: selbstlos das eine, selbstbezogen das andere.

Unsere Kundentreue wird durch eine weitere emotionale Bindung gestützt: Die Kunden wissen, dass ihr Kauf ihren Werten entspricht und einen Einfluss in der Welt hat, ein Gefühl von Macht verleiht. Durch Kaufen Gutes tun: Das ist meiner Überzeugung nach die Zukunft des Handels und wird zu einer bedeutenden Veränderung auf dem Planeten beitragen.

Aber die tiefsten Emotionen gehen noch weit über all das hinaus. In Entwicklungsländern mangelt es den Leuten an Geld, aber sie haben oft sehr starke Wertesysteme. Sie sind zum Beispiel sehr gottesfürchtig. Die Darlehen an die Frauen erzeugen ein Gefühl von Loyalität. Durch ihre Integrität haben wir eine Rückzahlungsrate von weltweit 98 Prozent. In unserem Unternehmen sind alle, von den Praktikantinnen bis zu den Managerinnen, durch ihre Begeisterung und ihre Hingabe an die Aufgabe verbunden. Seven Bar ist eine tagtägliche Choreografie der Emotionen, die unsere eine, gemeinsame Leitvision tragen.

Awareness – Bewusstheit:

Ich bin mir meiner selbst und meiner Herkunft bewusst – das ist der Schlüssel zu meiner Führungsrolle. Natürlich haben die Umstände meines Lebenswegs mich geprägt und mir geholfen, meine Bestimmung zu verwirklichen. Doch nichts davon wäre möglich gewesen ohne meine Erkenntnis, dass ich leicht zu den sechzig Prozent der Weltbevölkerung hätte gehören können, die von weniger als zwei Dollar am Tag leben müssen.

Ein weiterer Aspekt meiner Bewusstheit ist meine Zielstrebigkeit. Der Weg zum Erfolg ist mit Frustrationen und Rückschlägen gepflastert, und man muss seiner Mission ständig Opfer bringen. Ich hatte das Glück, schon in recht jungen Jahren ein Gespür für mein Lebensziel zu entwickeln, lange bevor ich die Seven Bar Foundation gründete. Mein Lebensziel hatte drei Aspekte: Ich wollte das Leben in seiner ganzen Fülle leben, ich wollte das Beste aus mir herausholen, und ich wollte mit meinem Leben dazu beitragen, diese Welt zu einem besseren Ort zu machen. Diese drei Dinge prägen mein Selbstverständnis und spornen mich nach wie vor jeden Tag an.

Ich muss mir auch der Situation und der Veränderungen um mich herum bewusst sein. So war es beispielsweise ein Wendepunkt, als ich bemerkte, dass die Leute bereit sind, mehr auszugeben, um etwas zu bewirken. Dieses Verlangen nach mehr Sinn passte zu meinem Selbstverständnis, das immer nach Sinn verlangt hat. Beides fügte sich natürlich zusammen, und das ist ein wesentliches Element aller Erfolgsgeschichten.

Doing – Tun:

Wenn ich zurückschaue, sehe ich, dass ich ein absoluter Tatmensch bin. Mein innerer Hunger treibt mich in die Aktivität. Ich habe es in meiner DNA, die Initiative zu übernehmen, unentdeckte Pfade und innovative Lösungen zu finden. Jeder Mensch ist der Architekt seines Lebens, das ist meine feste Überzeugung. Die Zeit und die Hingabe, die nötig sind, um mein Ziel zu erreichen, haben mich nie abgeschreckt. Und jeder Weg hat mich wiederum zu anderen Wegen geführt; manchmal ist für mich daraus eine Strecke mit ziemlich vielen Kurven geworden.

Der Weg, den man geht, ist der, den man sich bereitet hat. Zum Tun gehört auch, durch das eigene Vorbild zu führen. Wenn ich verarmten Frauen helfen will, einen tragfähigen Lebenserwerb aufzubauen, muss mein Unternehmen tragfähig sein. Und ich habe gelernt, klüger statt härter zu arbeiten. Das erfordert eine gewisse Bewusstheit, bevor es zum Handeln kommt. Mein Tun soll möglichst nahtlos mit meinen anderen Zielen übereinstimmen. Durch diese Strategie verlaufen meine Tage unglaublich aktiv, aber auch rund und glatt.

Empowerment:

Wie inzwischen wohl klar ist, ist Empowerment mein höchstes Ziel. Ich kann das bis in meine Kindheit zurückverfolgen, wo ich mich den Regeln der Eltern und Lehrer nicht entziehen konnte. Ich fühlte mich unterdrückt und sah keinen anderen Ausweg, als mich aufzulehnen. Ich kam gar nicht auf die Idee, die Regeln zu ändern, das kam einfach nicht infrage; das Sozialsystem schien wie in Stein gemeißelt. Ich weiß noch, wann diese Enge zum ersten Mal aufbrach. Ich arbeitete als Freiwillige in einer gemeinnützigen Organisation in Indien und stellte dem Vorsitzenden der Organisation eine Idee von mir zur Mikrofinanzierung von Frauen vor. Meine Präsentation dauerte fast drei Stunden, und am Ende klopfte er mir anerkennend auf die Schulter und sagte: »Dann machen Sie mal.« Das war meine erste Erfahrung von Empowerment. Ich wurde ermutigt, etwas in Gang zu setzen. Vor lauter Schock explodierte ich vor Begeisterung und Tatendrang wie ein Dampfdruckkochtopf! Ich werde dieses Gefühl, in meiner Kraft zu sein, nie vergessen, und ich möchte allen Frauen solch eine lebensverändernde Erfahrung ermöglichen. An jenem Tag wurde mir klar, dass ich grenzenlose Veränderungen bewirken kann.

Responsibility – Verantwortung:

Ich bin eine starke Vertreterin der Haltung, dass Verantwortung etwas mit Antworten zu tun hat. Manche Menschen werden mit dieser Fähigkeit geboren, anderen wird sie auferlegt. Ich habe auf meine Lebensumstände damit geantwortet, dass ich ein Modell für nachhaltige Veränderung entwickelt habe. Ich halte sehr viel davon, auf die eigenen Lebensumstände in sinnvoller Weise zu antworten. Seit meiner Jugend spürte ich eine tiefe Verantwortung gegenüber meinem kolumbianischen Volk, meinen verstorbenen Eltern und meiner Adoptivfamilie.

Jeder wird mit dem geboren, was ich »die ursprüngliche Verantwortung« nenne. Wenn man dann eine Führungsrolle übernimmt, gewinnt man eine neue Verantwortungsebene gegenüber den Mitarbeitern und den Geldgebern hinzu. Je verantwortlicher ich bin, desto phänomenaler sind die Menschen um mich herum. Ich fühle mich jeden Tag dafür verantwortlich, sie auf den Weg des Wachstums zu führen. Doch es gibt immer eine Verantwortung mir selbst gegenüber, der ich gerecht werden muss, damit es funktioniert. Wäre ich ein Segelboot, dann wären emotionale Verbindungen mein Boot, Empowerment wäre mein Segel, und Verantwortung wäre mein Ruder.

Synchronizität:

Ich liebe es, mit unbekannten Möglichkeiten zu leben. Mich inspiriert das Motto von Buckminster Fuller: »Wenn du etwas ändern willst, erschaffe ein neues Modell, welches das alte überflüssig macht.« Als Pionierin durchlebt man eine Achterbahn der Gefühle. Jahrelang bin ich jeden Morgen mit einer fixen Idee aufgewacht, die viele nicht begriffen. Dann schaut man nach vorne und fragt sich: »Das ist nicht der direkteste Weg, um dahin zu kommen. Was für einen Grund könnte dieser Umweg haben?« Doch wenn man sich so mit dem Schicksal Tango tanzend seinem Ziel nähert, geschehen eine Reihe geradezu magischer Ereignisse. Und dann seufzt man und sagt sich: »Okay, offensichtlich ist das der richtige Weg.«

Die Bewusstheit verfeinert das Handeln so weit, bis Sie eines Tages zum höchsten Bewusstsein gelangen, und das ist Ihr größter Erfolg. Ich musste mich kürzlich der Erkenntnis stellen: »Du bist zwar zu allem fähig, aber du kannst nicht alles tun.« Ich weiß, dass ich in bestimmten Bereichen meines Geschäfts sehr gut bin, aber es gibt andere, in denen ich Schwächen habe. Wegen dieser Schwächen konnte ich mein höchstes Potenzial nicht verwirklichen.

Genau zu der Zeit, als mir das bewusst wurde, begegnete ich der starken Frau, die meine zukünftige Partnerin werden sollte. Kim Hoedeman und ich ergänzen einander perfekt. Wir befanden uns beide an einem Scheidepunkt. Wir wollten uns neu definieren, und durch gegenseitige Unterstützung konnten wir gemeinsam unsere Bestimmung verwirklichen. Wir preschen zwar durch Fünfzehn-Stunden-Tage, aber wir halten trotzdem ab und zu inne und schauen auf diese Begegnung als den stärksten synchronistischen Augenblick in unser beider Leben zurück. Gemeinsam sind wir eine unschlagbare Kraft.

Renata M. Black ist zu der unaufhaltsamen Kraft geworden, die sie beschreibt. Sie meint zwar, sie habe diesen Antrieb und diese Hingabe in ihrer DNA, doch sie spricht auch von dem Weg, den sie gegangen ist. Jeder Schritt dieses Wegs erforderte mehr Bewusstheit. Während sie erforschte, wer sie ist, entdeckte sie, was ihrem Leben Sinn gibt. Beides floss zusammen – und genau darum geht es beim Führen mit Seele. Wie sie sagt, verfeinert die Bewusstheit den Weg, bis Sie Ihr letztendliches Ziel erreichen.

Der entscheidende Augenblick war, als mir mein Vorgesetzter in Indien die Erlaubnis gab, »es zu tun«. Das war der Präzedenzfall für mein heutiges Leben. Es gab Möglichkeiten in mir, die ich mir in Millionen Jahren nicht hätte träumen lassen. Am Anfang war es nur ein Lichtschimmer, der durch die Sprünge im System hereinleuchtete, doch die Auswirkungen waren enorm und ich habe die Absicht, sie den Rest meines Lebens lang weiterzugeben.

Dritter Teil

Zehn Prinzipien des Führens

Richtlinien für Bewusstheit

Ich habe mich auf diesen Seiten bemüht, ein wirklich sinnvolles Buch zu schreiben. Das Ergebnis ist ein schmaler Band, der mit Ideen, Übungen und Vorschlägen vollgepackt ist. Da gibt es eine Menge zu verdauen. Die grundlegende Botschaft ist jedoch ganz einfach: Wir alle haben einen stillen Ort in uns, aus dem alles hervorgeht, was unserem Leben Sinn verleiht. Das ist die Seele und das ist der Ort, von dem sich große Führungspersönlichkeiten ihre Inspiration und die Antworten auf alle wichtigen Fragen holen. Wie können Sie wissen, ob Sie mit der ganz besonderen Perspektive der Seele verbunden sind? Wir haben eine Reihe von Möglichkeiten betrachtet, durch die Sie erkennen können, ob Sie sich im Einklang mit der höchsten geistigen Ebene befinden. Deshalb möchte ich dieses Buch mit zehn Grundprinzipien abschließen, die Ihnen als Richtschnur für Bewusstheit dienen können. Sind diese Prinzipien in Ihrem Leben wirksam? Dann befinden Sie sich wirklich auf dem Weg der Seele.

1 • Führende und Geführte erschaffen sich gegenseitig. Die Geführten bringen ein Bedürfnis zum Ausdruck, und die Führenden bieten eine Antwort darauf an. Beide bedingen sich gegenseitig. Wenn nicht, gibt es ein Führungsvakuum; dann werden die Bedürfnisse dringlicher und irgendwann verzweifelt – was zu Ausbeutung und Diktatur führen kann.

2 • So wie Individuen von innen nach außen wachsen, tun das auch Gruppen. Den Bedürfnissen der Gruppe muss da entsprochen werden, wo die Leute gerade sind. Manchmal braucht ein Team eine Vaterfigur oder einen Beschützer, zu anderen Zeiten

braucht es vielleicht jemanden, der motiviert, heilt oder spirituelle Orientierung bietet. Bedürfnisse bewirken Veränderungen. Führende, die von der Seele her wirken, leiten innere Veränderungen ein, die sich dann an der Oberfläche als Erfolg zeigen.

3 • Der Ausgang jeder Situation wird von vornherein durch die Vision beeinflusst, die in ihre Lösung einfließt. So bestimmen innere Qualitäten die Ergebnisse.

4 • Die ihnen innewohnenden Antworten bewirken bei Führenden und den Folgenden eine Weiterentwicklung. Die Seele weiß, wie sie unsere Entwicklung steuern muss, um in jeder Situation das höchste und beste Ergebnis zu erzielen.

5 • Bedürfnisse verändern sich. Führende müssen sich dessen bewusst sein, um die Entwicklung einer Gruppe vorauszusehen und zu wissen, mit welchen Bedürfnissen zu rechnen ist. Eine Gruppe braucht (in aufsteigender Reihenfolge) Sicherheit, Leistungserfolg, Zusammenarbeit, Verständnis, Kreativität, moralische Werte und spirituelle Erfüllung. All dies sind innere und äußere Bedürfnisse, die im Laufe der Zeit in jeder Gesellschaft auftauchen.

6 • Zu jedem Bedürfnis gibt es entsprechende Anforderungen an die Führenden. Das Bedürfnis nach Sicherheit erfordert Schutz, das nach Leistung braucht Motivation, das nach Zusammenarbeit erfordert Teamführung, das nach Verständnis braucht Zuwendung, das nach Kreativität erfordert Innovation, das nach moralischen Werten braucht Transformation, das nach spiritueller Erfüllung erfordert Weisheit und Visionskraft. Dieses Zusammenspiel ist organisch – die Seele weiß, wie sie jedes Bedürfnis mit geringstmöglicher Mühe erfüllen kann. Führende, die sich direkt in dieses Wissen einklinken können, gewinnen enorme Kraft und weit mehr Einfluss, um Gutes zu bewirken, als jemand, der sich nur auf äußere Ziele und Erfolge konzentriert.

7 • Führende, die die Hierarchie der Bedürfnisse und der entsprechenden Erfordernisse verstehen, werden Erfolg haben; Führende, die nur nach äußeren Zielen (Geld, Sieg, Macht) streben, werden dort versagen, wo es am meisten zählt, nämlich die Entwicklung jener zu fördern, die ihnen folgen.

8 • Das Aufsteigen in der Hierarchie der Bedürfnisse lässt jede Gruppe inspirierter und einiger werden. Große Führungspersönlichkeiten sind mit jeder Ebene der menschlichen Erfahrung verbunden. Sie verstehen, dass jene, die ihnen nachfolgen, sich nach Freiheit, Liebe und spiritueller Wertschätzung sehnen; daher zögern sie nicht, höhere Ziele zu vertreten, die jenseits materieller Belohnungen liegen. Doch sie führen auch nicht von oben herab. Jeder Führende ist auch ein gewöhnlicher Mensch. Ein in der Hierarchie weiter unten stehendes Bedürfnis – wie etwa das nach Sicherheit – muss verstanden, gefühlt und vollständig erfüllt werden, bevor ein höheres Bedürfnis in Angriff genommen werden kann. Die anstehende Situation kann so unscheinbar sein wie ein moderiertes Gespräch, in dem sich jeder sicher genug fühlt, seine innersten Gefühle zu äußern, oder so bedeutend wie die Befreiung einer Gesellschaft aus Unterdrückung. Die Seele kennt jede Ebene des Lebens, und eine große Führungspersönlichkeit strebt danach, sie ebenso zu kennen.

9 • Führen mit Seele bedeutet, sich selbst einzubringen. Es bedeutet, Vertrauen, Stabilität, Mitgefühl und Hoffnung zu geben. Es bedeutet, in die Beziehungen zu jenen, die sich von Ihnen Antworten erhoffen, Zeit zu investieren und sich nicht vor emotionalen Bindungen zu fürchten oder vor auftauchenden Bedürfnissen zurückzuweichen. Führende, die ausweichen, um sich emotional zu schützen, die nur bestimmte Umgangsmöglichkeiten zulassen oder sich an ihr Ego klammern, versagen letztendlich. Sie mögen materiell erfolgreich sein, aber es wird dem Erfolg an inneren Werten mangeln.

10 • Die Seele schafft aus Unordnung Ordnung. Sie erzeugt kreative Sprünge, unerwartete Antworten und Synchronizitäten, die wie Geschenke aus dem Innersten des Mysteriums wirken. Eine Situation mag noch so komplex und verwirrend wirken – wenn Sie sich mit der Ungewissheit anfreunden können, können Sie darin auch führen. Haben sie einmal die spirituelle Ordnung hinter dem scheinbaren Chaos erkannt, fühlen sich inspirierte Führende von der Ungewissheit sogar beflügelt. Sie müssen lernen, mit der Tatsache umzugehen, dass Situationen verzwickt sind, sonst wird die Gruppe durch diese Unruhe behindert. Es gibt immer eine Menge Bedürfnisse und Antworten, die es zu sortieren gilt. Angst und Überleben, Konkurrenz und Kreativität, Überzeugungen und Persönlichkeiten – alles fordert seinen Tribut. All das hat eine eigene Stimme, ob wir sie nun hören oder nicht, aber unter dieser aufgewühlten Oberfläche gibt es nur *eine* Stimme: das leise Flüstern des Geistes, der alles versteht.

Betrachten Sie diese zehn Prinzipien als eine Richtschnur für Bewusstheit. Ideal wäre es, sie auf alles anzuwenden, was Sie tun. Alle Führungsmodelle geben letztlich ähnliche Ratschläge, was den Umgang mit Aufgaben und die Motivation anderer betrifft. Aber das Wichtigste lassen sie meistens aus: die Basis des Seins. Sein ist die Grundlage von allem. Es ist reine Bewusstheit, Mutterleib der Kreativität, Generator der Evolution. Letztendlich ist Führen die wesentlichste Entscheidung, die wir treffen können: die Entscheidung zum Sein. Nur jemand, der seine Weisheit aus dem stillen Bereich der Seele zieht, kann mitten im Chaos bestehen. An solche Menschen erinnern wir uns als große Führer. Doch das Sein ist unser aller Geburtsrecht; Bewusstheit wohnt unserem Gehirn genauso inne wie unser Geist. Es gibt immer eine neue Phase der Evolution, und der Antrieb dazu kommt aus den Bedürfnissen.

Die Weisheitstraditionen der Welt definieren die Wahrheit als den einen Funken, der einen ganzen Wald in Brand stecken kann. Wenn Führende bereit sind, dieser Funke zu sein, werden andere die Wahrheit in ihnen erkennen. In ihrer Sehnsucht nach Orientierung und Erfüllung ihrer Bedürfnisse werden sie zu schätzen wissen, was die Führenden anzubieten haben, und das ist der erste Schritt, es in sich selbst schätzen zu lernen. Als Führender werden Sie vielleicht irgendwann einmal Ihrem Team erzählen, warum Sie es auf eine höhere Ebene bringen wollten, doch in Ihrem Herzen wissen Sie: Sie haben es um Ihrer selbst willen getan. Ihren eigenen Weg zu gehen ist Ihnen Glück genug.

Danksagung

Die Inspiration zu diesem Buch kam aus einem Kurs, den ich an der Kellogg Graduate School of Management der Northwestern University gegeben habe. Ich möchte gerne dem früheren Dekan der Schule, Dipak Jain, danken für seine Ermutigung, mit dem Kurs anzufangen, und für seine kontinuierliche Unterstützung während der letzten acht Jahre. Meine Mit-Dozentin Michelle Buck verdient große Wertschätzung für ihre Sachkenntnis und Inspiration: Sie konnte viele CEOs und andere hochrangige Führungskräfte dazu bewegen, sich auf ihren eigenen persönlichen Entwicklungsweg zu begeben.

Zwei visionäre Unternehmer haben das Führen mit Seele in ihr tägliches Geschäft integriert: Al Carey von Frito-Lay und George Zimmer von Men's Wearhouse. Es ist spannend, sie so in der vordersten Reihe der Veränderungen zu sehen, und das gilt genauso für Jeremy Moon und Renata M. Black, die mir großzügig ihre persönlichen Geschichten zur Verfügung gestellt haben. Ihnen allen sage ich herzlichen Dank.

Ich bin stolz darauf, als Wissenschaftler mit Gallup zusammenzuarbeiten, der Organisation, die mehr Daten über Unternehmensführung und Arbeitsplatzforschung zusammengetragen hat als jede andere Institution der Welt. Ich danke Gallups CEO Jim Clifton, weil er mir diese Ehre zukommen lässt. Ich danke auch Danielle Posa, meiner Mitarbeiterin bei Gallup, die mich immer mit den Informationen versorgt, die ich brauche.

Gallup hat zwei herausragende Bücher veröffentlicht, die mir bei vielen Themen weitergeholfen haben: »Führungsstärke: Was hervorragende Führungskräfte auszeichnet« von Tom Rath und Barry Conchie, und »Well-Being: The Five Essential Elements« von Tom Rath und Jim Harter. Wer nach einem positiven Führungsansatz sucht, der auf den Ergebnissen Tausender Interviews beruht: Diese Bücher kann ich wärmstens empfehlen.

Mein alter Freund und weiser Lektor Peter Guzzardi verdient meinen Dank für seine Geduld bei der Entstehung dieses Buches.

Er schafft es, das Umschreiben so leicht zu machen wie niemand sonst. Im Verlag erfreue ich mich der Loyalität und Unterstützung einiger wunderbarer Menschen, darunter Shaye Areheart, Jenny Frost, Tina Constable und Julia Pastore. Unsere warmherzige Beziehung war mir in meiner ganzen Karriere als Autor immer eine wichtige Stütze. Jetzt gehört auch Maya Mavjee dazu, die mich in eine neue Phase unserer Partnerschaft eingeladen hat.

Zum Chopra Center gehört die beste Unterstützungsgruppe, die man sich nur wünschen kann: Carolyn und Felicia Rangel sowie Tori Bruce; euch allen herzlichen Dank.

Und wie immer gilt meine grenzenlose Liebe meiner Frau Rita und unseren Kindern Mallika, Gotham, Sumant und Candice sowie meinen wunderbaren Enkeln Tara, Leela und Krishan: Mein Zuhause ist da, wo ihr seid.

Über den Autor

Deepak Chopra hat bislang rund 55 Werke geschrieben, die in mehr als 35 Sprachen übersetzt wurden, darunter mehrere »New York Times«-Bestseller, sowohl im Bereich Belletristik als auch im Bereich Sachbuch. Im KOHA-Verlag erschien 2011 sein Buch »Jung bleiben – ein Leben lang. Vitalität und Klarheit bis ins hohe Alter« (ISBN 978-3-86728-154-6).